JN147345

ミネルヴァ日本評伝選

新聞紙は以て江湖の輿論を載するものなり

村山龍平

早房長治著

ミネルヴァ書房

刊行の趣意

「学問は歴史に極まり候ことに候」とは、先哲荻生徂徠のことばである。

歴史のなかにこそ人間の智恵は宿されている。人間の愚かさもそこにはあらわだ。この歴史を探り、歴史に学んでこそ、人間はようやくみずからの正体を知り、いくらかは賢くなることができる。新しい勇気を得て未来に向かうことができる。徂徠はそう言いたかったのだろう。

「ミネルヴァ日本評伝選」は、私たちの直接の先人について、この人間知を学びなおそうという試みである。日本列島の過去に生きた人々の言行を、深く、くわしく探って、そこに現代への批判を聴きとろうとする試みである。日本人ばかりではない。列島の歴史にかかわった多くの異国の人々の声にも耳を傾けよう。

先人たちの書き残した文章をそのひだにまで立ち入って読み、彼らの旅した跡をたどりなおし、彼らのなしとげた事業を広い文脈のなかで注意深く観察しなおす——そのとき、はじめて先人たちはいまの私たちのかたわらによみがえってくる。彼らのなまの声で歴史の智恵を、また人間であることのよろこびと苦しみを、私たちに伝えてくれもするだろう。

この「評伝選」のつらなりのなかから、列島の歴史はおのずからその複雑さと奥ゆきの深さをもって浮かび上がってくるはずだ。これを読むとき、私たちのなかに新たな自信と勇気が湧いてきて、その矜持と勇気をもって「グローバリゼーション」の世紀に立ち向かってゆくことができる——そのような「ミネルヴァ日本評伝選」にしたいと、私たちは願っている。

平成十五年（二〇〇三）九月

上横手雅敬
芳賀　徹

村山龍平（朝日新聞社蔵）

大正５年新築の朝日新聞
大阪本社外観
（朝日新聞社蔵）

大阪本社新築社屋上棟式
（上野理一［右］と並んで）
（朝日新聞社蔵）

社長として最後の訓示
（昭和７年10月21日）
（朝日新聞社蔵）

はしがき

一九世紀後半から二〇世紀初頭にかけての日本、すなわち、明治から大正時代にかけての日本は、他のアジア諸国と同様に欧米帝国主義の餌食とならないように、近代化に全力を挙げた。近代化の重点は「富国強兵」というスローガンで代表されるように、経済力と軍事力の強化に置かれた。その成功と、日本民族持ち前の精神力によって、日清戦争と日露戦争に勝ち抜き、「アジアの大国」の地位を獲得した。

しかし、「富国強兵」によって近代化が全うできるわけではない。「富国強兵」に成功しても、専制国家では長続きしない。新聞をはじめとする報道機関がある程度以上発達することなしに、国民の意思が一つにまとまることが難しいからである。

日本の場合、明治維新以来の藩閥政府の実態は、半独裁政府であった。これに強く抵抗したのが反薩長の民権派政党であり、これと表裏一体の形で動いた政論新聞（大新聞《おおしんぶん》）であった。このような政治の対立構造は、政府の専制色を抑えるのに一定の役割を果たしたが、一方で、政府の弾圧を強める結果も招いた。このような環境の下では、報道機関が健全な発展を遂げることは難しい。しかも、政論新聞の大部分のページを埋めた論説は難解なうえ、庶民生活と乖離していたため、国民の多くから支持されることなく、政論新聞の大半は明治時代中期までに経済的に破綻し、姿を消した。

このような新聞業界の流れと一線を画す新聞が大阪にあった。明治一二年（一八七九）一月二五日に創刊した『朝日新聞』である。社長は満二八歳の村山龍平《むらやまりょうへい》。故郷の伊勢から大阪に出て輸入雑貨商を営んでいたが、ふとした運命の巡り合わせから新聞経営に携わることになった。

村山は、新聞は大衆とともにあるべきだと考え、誰にでも読めるように社説など硬派な記事にも振り仮名を振った。村山は国民の知識向上も新聞の使命の一つと考えたのである。村山が『朝日新聞』を、それまでに例のなかった報道中心の新聞として育て上げたのも、そのせいであろう。

村山は『朝日新聞』を公平中立の新聞にすると、さまざまな機会に表明しているが、実際は政府を厳しく批判する記者を重用していた。それは、村山が必ずしも反政府的な思想ないし思考を持っていたからではない。村山は熱烈な天皇崇拝主義者であり、思想的には保守主義の傾向さえ持っていた。その村山が『朝日新聞』を他に例のないほどリベラルな新聞に育て上げたのは、「新聞は基本的に反権力でなければ売れない」という真実を経験則から学んでいったからであろう。

村山を日本の新聞王に押し上げた要因がもう一つある。俗っぽくいえば「新しいもの好き」、言い換えれば「時代の流れの先を読むセンス」である。村山は、新聞に携わった当初から、大量印刷技術の必要性を想定し、フランスからマリノニ印刷機、米国から高速輪転機《りんてんき》、ドイツからグラビア印刷機をいち早く導入した。また取材と輸送のために航空機を大規模に導入したばかりか、旅客・貨物輸送の定期航空会社まで設立した。さらに日本人の野球好きと野球の普及の可能性を読み取り、「夏の甲子園野球」（当時の全国中等学校優勝野球大会、現在の全国高等学校野球選手権大会）の開催を最終的に決断した役員会の所要時間はわずか三〇分であった。

村山龍平の一生は、そのまま、日本の近代的な新聞の誕生と発展の歴史である。今日の混沌としたマスコミの状況を考えるとき、この原点を振り返ることは重要である。

村山龍平——新聞紙は以て江湖の輿論を載するものなり

目次

はしがき

第一章　有能な武士から商人へ……1

1　武士の子に生まれる……1
田丸藩士・村山家　祖父と父からさまざまな資質を受け継ぐ
幼少期は母泣かせの度外れの乱暴者

2　鮮やかな転身……4
田丸藩を襲った幕末の嵐　田丸を離れ、伊勢・川端で将来を沈思一年余
大阪に移住し、直輔が家督相続、龍平を名乗る
武家の商法、しかし最先端ビジネスで成功
経済人として力伸ばし、財界でも活躍

龍平の横顔1　種取り議員……11

第二章　新しい新聞づくりに挑む……13

1　『朝日新聞』の創刊……13
『朝日』創刊に気の進まない龍平
創刊は明治一二年一月、三〇〇〇部を無料配布
津田貞の暴走、そして反旗　経営難の最中も紙面改革を急ぐ

改革の狙いを明示した「吾朝日新聞の目的」
2　全国紙を目指す……24
『東京朝日新聞』を創刊、自ら編集長を務める
政論新聞として『東京公論』『大阪公論』を創刊　多忙な生活
反朝日同盟に直面する　世間を驚かせた憲法全文の速報とマリノニ輪転機
3　政府支援を狙う……36
五代友厚への書簡　政府からの支援　「政府支援」をどう評価するか
村山・上野の関係は「造化精妙」　本山彦一の新聞商品論
龍平の横顔2　号外を号外で訂正……55
第三章　池辺三山時代の『朝日』……57
1　先進的な紙面改革……57
生活の変化に合わせた紙面改革　『朝日』の権威高めた池辺三山の論説
社会面の大改革　入社試験の実施
2　紙面を彩る文芸作品……62
夏目漱石の入社、連載小説の大ヒット
二葉亭四迷の二名作を生み出させる　三山の退社、一つの時代の終わり
経営と編集の分離

龍平の横顔3　白蓮事件を報道せよ……70

第四章　白虹事件に動揺する『朝日』、そして龍平退陣……71

1　政府と右翼から攻撃される『朝日』……71
世情不安のなかで　米騒動勃発――『朝日』抹殺を狙った官憲
剛毅な龍平も「不敬」批判には弱かった
『朝日』生き残りのシナリオを書いたのは控訴院検事長　発行部数の減少
花井弁護士の後日談

2　上野の急逝、復活した龍平と大震災……85
上野理一の体調不良　経営立て直しへ株式会社に改組
関東大震災で印刷不能に　勇気と冷静さで震災報道に勝利

龍平の横顔4　数寄屋橋は風紀悪し……93

第五章　国民に愛されたアイデア商法……95

1　航空事業に乗り出す……95
航空機の将来性に着目した龍平
ローマからイタリア機が飛来――膨らむ龍平の夢
朝日主導で定期航空会社を設立　訪欧飛行の壮挙――龍平の願い実る

最後の航空事業――学生航空連盟の育成
2　甲子園野球を開催する……111
「大会開催」はわずか三〇分の最終協議で決まる
朝日主催の最大の年間行事に育てる
百年の歴史を彩るさまざまなエピソード
龍平の横顔5　自分のことは自分で……120
第六章　美術愛好家、茶人として……121
1　美術と茶道への関心……121
本格的美術記事を載せた新聞第一号
橋本雅邦「龍虎図」の落選にかみついた『朝日』
龍平の収集は刀剣から始まった　仏教美術から絵画収集四〇年
茶道にのめり込み、「数寄者」になった龍平
「数寄者の香雪」から滲み出る深い人間性
2　『國華』を支えた龍平……138
『國華』はなぜ百年以上存続できたのか
明治三八年の危機と上野の改革案　関東大震災ですべての資産消失
辰井梅吉が語る『國華』と龍平

龍平の横顔6　節制あっての長寿……149

第七章　晩年の龍平……151

1　過去を振り返り、将来を見通す……151

下村宏の招聘と先を見通した人事　苦渋に満ちた初の人員整理
龍平の晩年を襲った吉野作造の舌禍事件　朝日会館竣工で過去を振り返る
軍部の行動に引きずられた『朝日』　最後の訓示
健康衰えても、新鮮なセンス変わらず

2　終焉へ……171

古美術品を愛で、孫と戯れる毎日
新聞経営者・村山龍平の評価――政治家、ジャーナリスト、朝日人による

龍平の横顔7　龍平流の家族主義……182
龍平の横顔8　故郷への感謝を忘れず……184

参考文献　185
あとがき――尊いリベラリズムの伝統　187
村山龍平年譜　193

資料　『朝日新聞』の発行部数推移
事項索引
人名索引

図版写真一覧

村山龍平（朝日新聞社蔵）……カバー写真
村山龍平（朝日新聞社蔵）……口絵1頁
大正五年新築の朝日新聞大阪本社外観（朝日新聞社蔵）……口絵2頁
大阪本社新築社屋上棟式（上野理一と並んで）（朝日新聞社蔵）……口絵2頁
社長として最後の訓示（昭和七年一〇月二一日）（朝日新聞社蔵）……口絵2頁
父・村山守雄（朝日新聞社蔵）……2
村山龍平（衆議院議員当時）（朝日新聞社蔵）……12
松本幹一（朝日新聞社蔵）……14
村山龍平（三〇歳）（朝日新聞社蔵）……14
『朝日新聞』創刊号（修復画像／朝日新聞社提供）……16
上野理一（朝日新聞社蔵）……18
織田純一郎（朝日新聞社蔵）……27
『東京公論』（朝日新聞社蔵）……28
『大阪公論』（朝日新聞社蔵）……29
高橋健三（朝日新聞社蔵）……34
西村天囚（朝日新聞社蔵）……35

五代友厚への書簡（大阪商工会議所蔵）……37
原田棟一郎（朝日新聞社蔵）……56
鳥居素川（朝日新聞社蔵）……56
池辺三山（朝日新聞社蔵）……59
夏目漱石（朝日新聞社蔵）……63
辰井梅吉（朝日新聞社蔵）……75
小西勝一（朝日新聞社蔵）……82
昭和三年頃の有楽町本社（朝日新聞社蔵）……94
武石浩玻（朝日新聞社蔵）……96
訪欧飛行した飛行士・機関士四人の歓迎会（大正一五年一月六日、鹿島丸船上にて）
（朝日新聞社蔵）……102
訪欧飛行四勇士大阪に凱旋（大正一五年一月七日、大阪駅にて）（朝日新聞社蔵）……102
「東風」「初風」訪欧飛行成功を祝しての書（『村山龍平伝』より）……104
第一回全国中等学校優勝野球大会で始球式をする村山龍平（大正四年八月一八日、
豊中グラウンドにて）（朝日新聞社蔵）……115
完成間もない甲子園球場（大正一三年八月）（朝日新聞社蔵）……116
遺愛の衛府太刀と備前国正恒作（香雪美術館蔵／朝日新聞社提供）……126
志野茶碗「朝日影」（香雪美術館蔵／朝日新聞社提供）……130
益田孝への書簡（香雪美術館蔵）……132

ノースクリフ卿を迎えての晩餐の宴（朝日新聞社蔵）……150
吉野作造（朝日新聞社蔵）……155
令孫と仲良く（朝日新聞社蔵）……172
村山龍平の朝日新聞社社葬（朝日新聞社蔵）……172
杉村楚人冠（朝日新聞社蔵）……179
大正一二年有馬兵衛で浴衣姿の龍平（朝日新聞社蔵）……182
伊勢神宮式年遷宮祭に参列した龍平（朝日新聞社蔵）……183

第一章　有能な武士から商人へ

1　武士の子に生まれる

田丸藩士・村山家

村山家は武家として、どんな家系の家であったのだろうか。

村山家は歴代、紀州藩の支藩、田丸《たまる》藩の藩主、久野《くの》家に仕えた藩士であった。龍平の七代前の当主、村山長兵衛興元は、元和五年（一六一九）、遠州・久野城（現在の静岡県袋井市）から田丸（現・三重県度会《わたらい》郡玉城《たまき》町）に移封された田丸城主初代・久野宗成《むねなり》に従って久野庄から和歌山に移った（それ以前の家系は記録が明確ではない）。

村山家の次の当主・右衛門興次は元禄二年（一六八九）、主家の命を受けて田丸に移住し、名実ともに田丸藩藩士となった。

父・村山守雄
（朝日新聞社蔵）

祖父と父からさまざまな資質を受け継ぐ

興元から五代目の当主で、龍平の祖父である勘左衛門敬忠は筋骨たくましい大男で、武道に秀でていた。新田開発を指揮する作事《さくじ》奉行、江戸屋敷留守居役、馬廻役旗頭《うままわりやくはたがしら》などを歴任し、長年の忠勤に対して知行を加増された。馬廻役とは藩主側近の警護役である。龍平は立派な体軀だけでなく、リーダー性に秀でた性格など多くのものを敬忠から受け継いでいる。

龍平の父である守雄は敬忠の養子である。敬忠に長い間、男の子が生まれなかったためだ。敬忠は、多気《たき》郡勢和《せいわ》村下出江の三井与次右衛門の長男を四女・鈴緒と結婚させ、婿養子とした。守雄（後に八百左衛門遠長を名乗る）は学識才幹ともに優れ、とりわけ国学への造詣が深かった。それを買われて、紀州藩で子弟の教育に当たったり、藩校の設立とともに教職に任命されたりした。

その後、田丸藩に戻って軍艦御用掛として海防に当たった。また、財政に精通していたので勘定頭に就任、さらに藩主の最側近である御側用人を兼務した。龍平は守雄から、知的才能と世の中の先を見るセンスを受け継いでいる。

幼少期は母泣かせの度外れの乱暴者

龍平は嘉永三年（一八五〇）四月三日（注＝当時は旧暦、新暦では五月一四日）、田丸城下勝田《かつた》町の村山邸で呱々《ここ》の声を上げた。父・守雄三三歳、母・鈴緒一九歳の長男としての誕生である。幼名は直輔。祖父の敬忠に似て、幼少の頃から骨格が人並み優れ、身長も他の子供より高かった。気の荒いこともあって、相当な腕白坊主であった。七、八歳の頃からは喧嘩早くなり、絶えず近隣の子供をいじめたので相手の親からの苦情が絶えず、母親は毎日のように詫びて回らなければならなかった。

直輔はこの頃、漢学者の山住有峰の学塾に弟子入りしたが、腕白ぶりは収まるどころか、さらに激しくなった。成績は悪くはないが、この餓鬼大将の無法な振る舞いに学友だけでなく師匠も手を焼き、しまいに有峰は直輔を退塾処分にした。両親は困り果て、直輔を厳しく諫める一方で師に陳謝し、なんとか再就学させた。しかし、直輔の素行は一向に改まらず、近在の人々からは「村山の度外れたならず者」と陰口をたたかれていた。

この乱暴者に転機が訪れたのは一三歳の時、文久三年（一八六三）冬であった。母・鈴緒が瀕死の重病にかかった。直輔は母の病を深く案じて、毎日、明け方に起きて、寒さの中を氏神に通い、母親の病の平癒祈禱を続けた。直輔は、自らの非行が母親にとって最大の心配事であり、それが病気の原因の一つかもしれないことを自覚していた。そのため、平癒祈願を続けるうちに直輔の性格に大きな変化が生じた。かつて見られた粗暴な行状は完全に姿を消し、他人の意見に耳を傾けて慎重に判断し、沈着冷静に行動するようになった。その年齢とは思えないような悠揚迫らぬ態度も見られるようになった。直輔の心に「革命」が起きた。幼少期から持っていた負けず嫌いの不敵な根性に、後年、重みが増す品位と風格の一端が加わってきたのである。

直輔は慶応三年（一八六七）、一七歳の春から城中に勤番した。幕末が近づくにつれて全国各地では黒船騒動が起き、田丸城下でも海防が緊急の課題となっていた。直輔は、父・守雄からの感化もあって海防に強い関心を持ち、現在の多気町土羽《とば》にあった藩の砲術練習場へ若い藩士仲間とともに砲車を牽いて行き、毎日のように洋式の砲術調練を熱心に学んだ。

一方、直輔は有名な武芸者・橘正以《たちばなまさもち》の門を叩き、柳剛流《りゅうこうりゅう》の剣法を学んだ。一〇代のうちに同流の秘技を極め、橘道場に現れた道場破りの浪人を倒したというエピソードが伝えられている。

直輔は剣法に勤しんだだけでなく、刀剣などの武具を愛好した。この点でも刀剣の鑑定に長じていた父・守雄の感化を受けている。刀剣を鑑賞するだけでなく、近在の刀鍛冶のすべてを訪れる熱心さで、その頃すでに、中身を一見しただけで作銘を言い当てるほどの鑑識眼を持っていた。直輔は四〇代以降、各種の美術品を多く収集しているが、その鑑識眼は青年時代に養った刀剣に対する鑑識眼に根差しているようである。

2 鮮やかな転身

田丸藩を襲った幕末の嵐

明治新政府が版籍奉還を断行した明治二年(一八六九)は夏の天候不順のために稲は凶作で、人々は生活苦にあえいだ。紀州藩全体としても田丸藩でも、とりわけ俸禄を減らされた士族が生活に困窮した。こうした中で、紀州本家と新宮《しんぐう》、田辺、田丸の三つの支藩の間で醜い争いが起こった。本家と新宮、田辺両藩が組んで、田丸藩を両藩と別扱いし、当時の藩主・久野宗熙を藩知事とせず、華族にも列しないように謀ったのである。これに対して田丸藩は、守雄（村山八百左衛門遠長）を中心とする多くの家臣が団結して激しく抵抗した。新政府に直訴もした。しかし、田丸藩は結局、敗れた。

敗れた守雄は潔かった。「久野家が事実上、取り潰し同然になったのだから」と、責任を取って、士族の身分も、士族が受け取る権利のある俸禄も捨てることを決意したのである。とはいえ、当時、士族の身分を捨てることはそう簡単ではなかった。新政府が武士に士族の身分を放棄したり、居住地を離れることの自由を公式に認めたのは約一年先のことである。旧藩内には、守雄の行動は「久野家への裏切りだ」という受け取り方も強かった。友人・知人の間には、守雄の極端な転身を惜しむ声が圧倒的であった。だが守雄は「武士の時代は維新で終わった」と考え、自らの転身に対するすべての反対を拒否した。

直輔は守雄の決断をただちに受け入れた。閑斎と号するようになっていた祖父・敬忠が賛成するまでには時間がかかったが、初めから反対はしなかった。これで村山家三代の大転身の決意は固まった。

田丸を離れ、伊勢・川端で将来を沈思一年余

村山家の一家は明治二年五月、故郷の田丸を去り、約四キロ離れた伊勢・川端《かわばた》（現在の伊勢市川端町）に移った。川端には祖父・閑斎の三女・小石が嫁した倉井家が酒造業を手広く営んでいたので、一家の長逗留にはしごく便利な場所であった。それにしても、一年余に及ぶ長逗留の間、三人が何を考え、何をしていたのかは明確ではない。わずかに伝えられているのは、二〇歳に達するかどうかの若い直輔が、基本的には晴耕雨読の生活を送りなが

ら、時には、伊勢神宮に奉納する鮎を取る漁師の手伝いをしていたということくらいだ。しかし三人の思考は、「新しい時代に何をすることによって世の中に貢献するのがいいか」に集中していた。

当時、日本中の人々は東京（江戸から明治元年に名称変更）に上ることに憧れていた。新政府に接近することが出世の道であり、富を得る近道と考えたからである。だが村山家三代の考えは、その逆であった。「旧・紀州藩は譜代大名であり、その藩士が新政府に接近できるはずがない。新政府に接近するためにエネルギーを浪費するより、商人に転身し、富を創造することによって国家を豊かにすることに貢献した方がよほどまし」と判断したからだ。

それでも、具体的に「どこで、何をしたらいいか」について迷う三人の前に、一人の男が現れた。かつて田丸に住み、数年前に大阪に出て心斎橋《しんさいばし》で雑貨商を始め、成功した男であった。彼は、大阪が商業都市としていかに繁栄しているかと、自らの成功物語を雄弁に語った。この突然の邂逅によって、三人の大阪移住の決意は固まった。建前ばかりにがんじがらめになっている士族社会から脱出して、一介の商人として自由競争の世界で生きていこうという決意である。

大阪に移住し、直輔が家督相続、龍平を名乗る

守雄と直輔が川端を離れて大阪に向かったのは明治四年二月である。二人が騎乗、駕籠《かご》に乗った母・鈴緒、妹・小鈴といとこの梅乃が従った。五人は川端から田丸に戻って故郷の山河に別れを告げ、伊勢本街道をとって大和の初瀬《はせ》に至り、奈良を経て大阪に向かった。

直輔の行動は素早かった。長旅の疲れをいやす暇もなく、大阪到着の翌日、川端に取って返している。そして家財道具と累代の刀剣、美術品を大長持ちに入れて、六人の人夫に担がせ、閑斎とともに、今度は田丸を通らず、松阪に出て、津、亀山を経て、鈴鹿峠を越えて近江を通り、京都に入り、伏見から川船で淀川を下った。この時、閑斎はすでに喜寿を超えていたが、高下駄をはき、長い道のりを闊歩したという。

京町堀一丁目に居を構えた直輔は早速、動き出した。地理を覚えるために毎日、街を歩き回った。完全に頭を切り替えようと髷も切った。夜には、商売には必須の算盤の学習に励んだ。直輔は同年一二月、守雄から家督を相続し、村山家の当主となり、名を龍平《りょうへい》と改めた。時に二一歳の暮である。

武家の商法、しかし最先端ビジネスで成功

明治初年の日本は「文明開化」の社会であった。新しい文明は欧米から海を渡ってやってくる。したがって、当時の人々は欧米からの輸入品（当時、「舶《はく》来品《らいひん》」と呼ばれた）を買い漁った。この風潮を見て、龍平は明治五年一一月一日、西洋雑貨を中心とする小売商店「田丸屋」を開業した。扱った舶来品は洋布類、マント、帽子、手袋、指輪、鏡、時計、ワイン、ブランデー、石油など多種類である。その他に国産の生活必需品も販売したので、小規模ながら「百貨店」の様相を呈した。

龍平の働きぶりは猛烈であった。朝から晩まで働き、仕入れ、販売、配達、経理などすべての業務を龍平ひとりで処理した。雇った店員は、二年後になっても、たった三人に過ぎなかった。

素人っぽい武士の商法であることに変わりはないが、極度の勤勉さと、掛買いをいっさい排すことに代表される超堅実経営によって、田丸屋はスタートダッシュに成功した。村山家に遺されている当時の帳簿に見ると、明治六年の売上高は約三八〇〇円であったが、明治八年（一八七五）の売上高は約七三〇〇円へとほぼ倍増している。明治八年一月頃には大阪市内に四十数軒の安定した得意先ができ、掛け売りの取引ができるようになった。そこで龍平は営業規模を拡大し、小売業に加えて、外国商館と直接取引する舶来諸物仲買業に進出した。

龍平が田丸屋の経営に成功した要因は、勤勉さと超堅実経営以外にもある。同業の先輩に頭を低くして教えを請い、当時の最先端ビジネスのノウハウを短時間で身につけたことであった。とりわけ、大阪の西洋雑貨業界でも有数の大店の経営者、芝川又平《しばかわまたへい》は龍平の何事にも悪びれない単刀直入な態度が気に入り、話し合いを繰り返すうちに肝胆相照らす仲となった。龍平はその後、人生の曲がり角に遭遇すると、必ず芝川の知恵を借りている。龍平が朝日新聞社の経営を引き受けるかどうかという大問題に突き当たった時も同じであった。

もう一人、西洋雑貨業界の仲間で、龍平がしばしば助言を受けていたのが、「泉屋」という大きな醤油問屋の当主、木村平八である。木村は京町堀一丁目に住み、西洋雑貨商店を兼業していた。二人は業界仲間であるばかりか、隣人でもあったことから非常に親密な関係になった。二人はランプ用の石油の輸入とガラスの国産を目指した合弁会社「玉泉舎」も設立した。もし、この二人が昵懇にならなかったら、「朝日新聞の誕生」という歴史的出来事は起きなかったであろう。

経済人として力伸ばし、財界でも活躍

龍平は企業経営者として力量を伸ばすだけでなく、経済人として信頼される存在に成長していった。大阪財界の若手リーダーとして注目されていた芝川

又右衛門（又平の息子）、大阪商法会議所の同僚議員の下河辺貫四郎、大三輪長兵衛らと協力して、大阪共立商店を設立した。共立商店とは後に東京や大阪に普及する購買組合と同じ性格のもので、広く同志を募って株主とし、株主が希望する商品を購入配給する新しい会社組織である。

龍平は、明治一一年七月に発足した大阪商法会議所（大阪商工会議所の前身）の初代議員にも就任している。当時、会議所では、リーダーの五代友厚《ごだいともあつ》、藤田伝三郎《ふじたでんざぶろう》、広瀬宰平《ひろせさいへい》らを中心に条約改正問題などを主なテーマとして活発な議論が行われていて、龍平も積極的に参加した。とりわけ、同問題に関する建言書の作成にあっては議論を主導したとも見えるほどの活躍をして、大阪財界のナンバーワン指導者であった五代から高く評価された。この時に築いた五代との関係は、龍平が新聞経営者として大成する過程でも、大きな役割を果たした。

この時期、龍平が企業経営者として力を注いだのは朝鮮貿易であった。当時、朝鮮政府が釜山《プサン》と元山《ウォンサン》を開港場としたため、とりわけ釜山に移住する日本人商人が著しく増えた。商機拡大とにらんだ龍平は芝川又平と相談のうえ、下河辺と二人で明治一三年（一八八〇）三月から約二カ月間、釜山・元山両地域の調査旅行に出発した。成果は上々であった。

しかし、二人が再度の朝鮮訪問の準備を始めた時期に、龍平に木村平八から「赤字で経営難に陥っている朝日新聞社の経営を引き受けてほしい」という要請が寄せられる。この要請は、並のことには動揺しない龍平にとっても驚天動地に近い出来事であった。新聞社の経営は西洋雑貨販売業に比べて大規模で複雑である。西洋雑貨販売業との兼業は不可能で、龍平はこれまでとまったく異なる人生を歩まざるを得なくなる。それは士族の身分を捨てて大阪に移住した明治二年に次ぐ人生の大転換であった。しかも、第一の人生転換は父親主導のものだったが、今度の大転換は、龍平が自らのために決断しなければならなかった。詳しくは章を改めて述べよう。

龍平の横顔1　種取り議員

龍平は明治二〇年（一八八七）末から短期間、大阪府会議員を務めたことがあるが、その後、二四年三月から約五年間、衆議院議員として活躍した。二足の草鞋を履いたのは、当時、「新聞経営者は政治家としても活躍すべきだ」というのが世間の常識であり、また、藩閥政府と政党の対立があまりにも激しく、国会がほとんど機能しないことを改めなくてはいけないと、龍平が深刻に考えていたからである。龍平は二四年三月の衆院選補選に当選したのに続いて、二五年、二七年の総選挙にも大阪四区から立候補し、当選した。

龍平の政治活動には二つの特徴がある。一つは、河川改修などのインフラ整備費や軍事予算を、国民が納得するような常識的な線に収めようと努力したこと。これは政府と政党の過度の対立を和らげる活動の一環であった。他は、どの政党にも属さず、無所属議員で通したことである。これは『朝日新聞』に対する配慮からであった。自らが政党に属して、ある主張を強力に推進した場合、『朝日新聞』の記者が社長の意向を忖度して記事を書くようなことがあっては困ると考えたのである。

龍平は選挙区の支援者に対してこんな発言をしている。

「朝日新聞は私が経営している新聞社だが、私個人の意見を代弁させるためのものでは断じてない。朝日新聞は言論に関する限り、村山の私有物ではない。何万という読者のものである。だから、社会にとって良いと思った意見ならば載せる。そうでないものは載せない。極めて公平である。自分が選挙してもらうために朝日の言論を束縛するような約束は絶対にお断り申し上げることを、この際、明らかにしておきます」

（『村山龍平伝』二七三頁）

村山龍平
（衆議院議員当時）
（朝日新聞社蔵）

大阪府議選の運動期間中、こんなエピソードがあった。若い記者が龍平の落選を心配して、「社長を後押しする記事を書いていいですか」と尋ねた。龍平は即座に「だめだ」と断った。しかし、記者が粘ると、「お前は新聞を何と考えているのか。朝日は村山のものではないぞ」と怒鳴りつけたという。

龍平が衆議院議員として活動している間、ベテラン記者たちは「村山さんは種取り議員だ」と軽口をたたいていた。表向き、活動は地味だが、多くの議員との接触で得た貴重な特ダネを編集局にもたらしてくれたからである。

第二章　新しい新聞づくりに挑む

1　『朝日新聞』の創刊

『朝日』創刊に気の進まない龍平

『朝日新聞』の創刊を発想し、実行に移したのは、村山龍平の友人で、軽薄だが、センスのいい男であった。名は木村騰《きむらのぼる》。村山と玉泉舎を共同経営する木村平八の息子である。家業の醤油問屋と西洋雑貨販売業のために働くことに飽き、父親のカネを持ち逃げして、妻とともに東京に移り住んだ。そこで、大阪の出身で、木村家と旧知だった松本幹一《まつもともとかず》と巡り合う。松本は他の大阪商人と違って学問好きで、長崎で学んだことがあるほか、国語辞典の編纂や印刷技術研究の経験も持っていた。

松本は騰に、欧米の新聞の現状について説明し、日本でも新聞の将来が有望であると語った。この話に騰が飛びついた。松本は軽挙を戒めたが、騰の新聞熱が一向に覚めないため、「新聞業は資金も

松本幹一
（朝日新聞社蔵）

村山龍平（30歳）
（朝日新聞社蔵）

人手もかかるから、まず大阪に戻って、父上と相談しなさい」と説得した。

騰は早速、大阪に戻り、父親の賛同を求めた。平八にしてみれば、放蕩息子が家に戻って、新しい商売をやりたいと言い出したことは嬉しいが、新聞社を騰が一人で経営できるとは、とても思えない。そこで、平八は村山家の守雄と龍平を訪ね、「基本的に、騰の新聞社経営を認めてもいいと考えているが、その場合、玉泉舎と同様に、木村家と村山家の、共同出資にしたいと思うが、どうか」と、協力を求めた。だが龍平にしてみれば、全力を挙げている朝鮮貿易に希望の光が差してきたところで、海のものとも山のものともわからない新聞経営に手を出す気にはとてもなれない。

一カ月以上にわたった両家の交渉は、平八の粘り勝ちになった。新しい新聞社の実際の経営は、騰が中心となって木村家が行うが、大阪府に提出する発行願書には、龍平が社長（正確には「持主」）として署名することを了解したのである。龍平がこのような行動をとったのは、再出発する騰を友人として応援してやりたい気持ちがあったからだが、それに加えて、心のどこかで、新聞経営に魅力を感じていたからではないだろうか。

創刊は明治一二年一月、三〇〇〇部を無料配布

『朝日新聞』が創刊されたのは明治一二年（一八七九）一月二五日である。天《てん》満《ま》の初天神でにぎわう大阪市内に約三〇〇〇部が無料で配られた。梅田《うめだ》駅では、龍平と親しかった人気役者の中村鴈治郎《なかむらがんじろう》が人力車の上から、口上を述べながら配って回った。良質の紙を使い、印刷もきれいなこともあって、出足は順調であった。同年七月になると、発行部数は一日平均約四五〇〇部まで伸びた。

創刊号は全四ページ、一ページの大きさは縦一尺一寸に幅八寸。最初のページはルビ付き五号活字二一字詰め三二行三段組み、第二ページ以下はルビ付き五号活字二五字詰め三二行三段組み。記事内容は冒頭に中央政府が発布した「官令」を載せ、次に大阪府の法令規則を紹介する「大阪府録事」を収録した。その後に「雑報」「相場」「広告」などを続けた。「相場」と「広告」はルビなしで第四ページ二段以下に載せ、その他の記事は官令も含めてすべてルビを振った。雑報の冒頭には宮中の歌《うた》御会始《ごかいはじめ》の天皇、皇后の御歌を載せ、第二、三面には「雑報」として、世の中の隠れた善行などを紹介した記事が並んだ。

創刊時の経営陣の構成は出資者・木村平八、社長・村山龍平、顧問・松本幹一、実際の経営者・木村騰、それに編集トップの主幹に津田貞《つだてい》（聿水《いっすい》）が加わった。津田は土佐出身で、当時の大阪の主要紙、『大阪新報』の元主筆。若い頃、数奇な人生を辿り、大阪新聞業界の異才として名声をほしいままにしていた人物である。

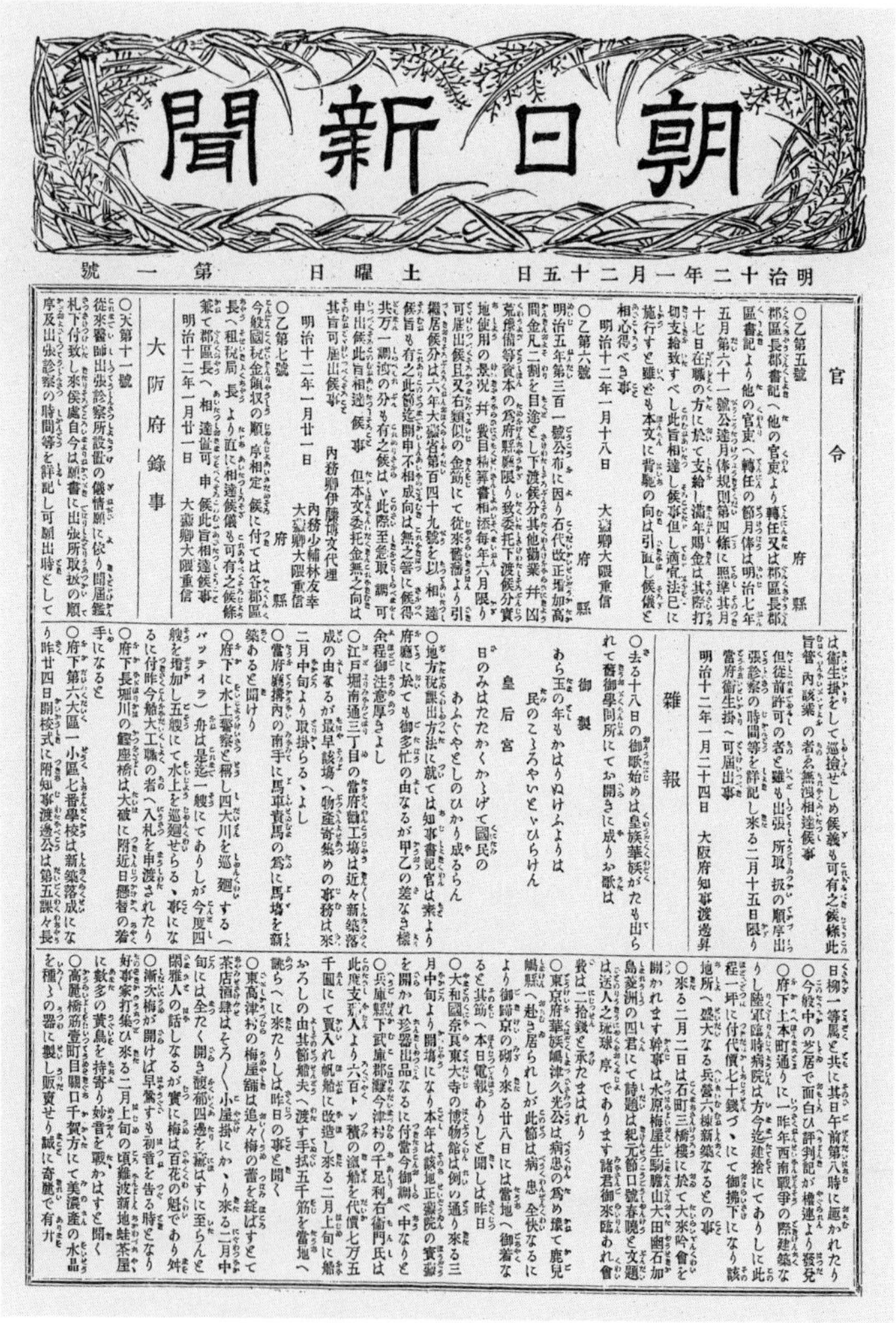

朝日新聞

明治十二年一月二十五日　土曜日　第一號

官令

府縣

○乙第五號

郡區長郡書記へ他の官吏より轉任又は郡區長郡區書記より他の官吏へ轉任の節月俸は明治七年五月第六十一號公達月俸規則第四條に照準其月十七日在職の方に於て支給し滿年賜金は其際打切支給致すべし此旨相達し候事但し適宜法已に施行すと雖ども本文に背馳の向は引直し候儀と相心得べき事

明治十二年一月十八日　大藏卿大隈重信

府縣

○乙第六號

明治五年第三百一號公布に因り石代改正増加高間金凡二割を目途とし下渡候分其他勸業幷凶荒豫備等資本の爲府縣廳限り致委托下渡候分實地使用の景況幷費目精算書相添毎年六月限り可屆出候且又右類似の金額にて從來舊藩より引繼居候分は六年大藏省第百四十九號を以相達候旨も有之此節迄開申不相成向は無之筈に候得共万一調洩の分も有之候はゞ此際至急取調可申出候此旨相達候事　但本文委托金無之向は其旨可屆出候事

明治十二年一月廿一日　內務卿伊藤博文代理　內務少輔林友幸　大藏卿大隈重信

府縣

○乙第七號

今般國税金領収の順序相定候に付ては各郡區長へ租税局長より直に相達候儀も可有之候條兼て郡區長へ相達置可申候此旨相達候事

明治十二年一月廿一日　大藏卿大隈重信

大阪府錄事

○丙第十一號

從來醫師出張診察所設置の儀情願に依り聞屆鑑札下付致し來候處自今は願書に出張所取扱の順序及出張診察の時間等を詳記し可願出時としては衛生掛をして巡撿せしめ候義も可有之候條此旨管內該業の者ゑ無洩相達候事

但從前許可の者と雖も出張所取扱の順序出張診察の時間等を詳記し來る二月十五日限り當府衛生掛へ可屆出事

明治十二年一月二十四日　大阪府知事渡邊昇

雜報

○去る十八日の御歌始めは皇族華族がたも出られて舊御學問所にてお開きに成りお歌は

御製

あら玉の年もかはりぬけふよりは
民のこゝろやいとゞひらけん

皇后宮

日のみはたたかくかゝげて國民の
あふぐやとしのひかり成るらん

○地方税課出方法に就ては知事書記官は素より府廳に於ても御多忙の由なるが甲乙の差なき樣余程御注意厚きよし

○江戸堀南通三丁目の當府勸工場は近々新築落成の由なるが最早該場へ物産寄集めの事務は來二月中旬より取掛らるゝよし

○當府廳搆內の南手に馬車貴馬の爲に馬場を新築あると聞けり

○府下に水上警察と稱し四大川を巡廻する（バツテイラ）舟は是迄一艘にてありしが今度四艘を増加し五艘にて水上を巡廻せらるゝ事になるに付昨今船大工職の者へ入札を申渡されたり

○府下長堀川の鰹座橋は大破に附近日懸替の着手になると

○府下第六大區一小區七番學校は新築落成になり昨廿四日開校式に附知事渡邊公は第五課々長日柳一等屬と共に其日午前第八時に趣かれたり

○今般中の芝居で面白ひ評判記が櫓連より發兌

○府下上本町通りに一昨年西南戰爭の際建築なりし陸軍臨時病院は方今迄建捨にてありしに此程一坪に付代價七十錢づゝにて御拂下になり該地所へ盛大なる兵營六棟新築なるとの事

○來る二月二日は石町三橋樓に於て大來吟會を開かれます幹事は水原梅屋生駒膽山大田幽石加島菱洲の四君にて詩題は紀元節口號春曉と文題は送人之琉球序であります諸君御來臨あれ會費は二拾錢と承たまはれり

○東京府華族嶋津久光公は病患の爲め擧て鹿兒嶋縣へ赴き居られしが此節は病患全快なるにより御歸京の砌り來る廿八日には當地へ御着なると其筋へ本日電報ありしと聞しは昨日

○大和國奈良東大寺の博物館は例の通り來る三月中旬より開場になり本年は該地正倉院の寶器を開かれ珍器出品なるに付當今御調べ中なりと

○兵庫縣下武庫郡灘今津村の千足利右衛門氏は此度支那人より六百トン積の滊船を代價七万五千圓にて買入れ帆船に改造し來る二月上旬に船おろしの由其節船夫へ渡す手拭五千筋を當地へ誂らへに來たりしは昨日の事と聞く

○東高津村の梅屋舖は追々梅の蕾を綻ばすとて茶店酒肆はそろ〳〵小屋掛にかゝり來る二月中旬には全たく開き馥郁四邊を薫はすに至らんと閑雅人の話しなるが實に梅は百花の魁であり升

○漸次梅が開けば早鶯すも初音を告る時となり好事家打集ひ來る二月上旬の頃難波新地蛙茶屋に數多の黄鳥を持寄り妙音を戰かはすと聞く

○高麗橋筋壹町目關口千賀方にて美濃產の水晶を種々の器に製し販賣せり誠に奇麗で有升

『朝日新聞』創刊号（修復画像／朝日新聞社提供）

当時の大阪新聞業界を見ると、主要紙としては大新聞の『大阪日報』と『大阪新報』があり、その他の多くの大新聞、小新聞《こしんぶん》が浮沈を繰り返していた。小新聞の一つに商店の丁稚を主な読者対象とする『大阪でっち新聞』があったが、『朝日新聞』の紙面はこれと類似していた。『朝日新聞』の創刊について、『大阪新報』は一月二六日、「かねて噂の朝日新聞はいよいよ昨日より発行になりました。体裁は『でっち新聞』とよく似て、振り仮名付きに画が二つ入り、いずれが梅やら桜やらともいうべき至極立派な新聞であります」と書き、『大阪でっち新聞』も同日の紙面に「私どもが待ち焦がれたる朝日新聞は昨日、第一号が発行となり、弊社にも届きました。紙面といい文章といい、まことによくできました。それに第一号、第二号は無代であります」と書いた。ともに好意的な記事だが、紙面に対する評価は高いとはいえない。

津田貞の暴走、そして反旗

津田貞は有能だが、野心的な男で、レベルの高くない小新聞の主幹では満足しなかった。『朝日新聞』が創刊してまもなく、次々に改革案を打ち出して実行に移した。たとえば、文芸雑誌『葦葭具佐《よしあしぐさ》』を明治一二年一〇月に、京都支局から『常盤新聞』を一三年三月に創刊した。しかし、両方とも売れ行きが悪く、経営の負担になり始めたので、木村平八は両方の早期廃刊を決意した。

このころ、龍平は大部分の力を玉泉舎の経営に注いでおり、朝鮮半島を再訪していた。同五月、帰国した龍平を木村平八が訪ね、『葦葭具佐』と『常盤新聞』の廃刊を朝日新聞社長として津田主幹に通告するよう求めた。龍平は木村平八の判断が正しいと考えたので、両紙誌の廃止を津田に通告したところ、津田は公然と反旗を翻し、五月三一日、過半の社員をそそのかして、印刷開始直前の組版を床に投げて散乱させる暴挙に出た。『朝日新聞』は休刊の危機に瀕したが、龍平と残った社員の必死の努力でなんとか休刊を免れた。

その後も『朝日新聞』の低空飛行は続いた。津田と退社社員が『魁《さきがけ》新聞』を創刊し、『朝日新聞』の読者を奪ったからである。龍平は、淀川の難波橋と天神橋の間で大花火大会を開催するなどして読者をつなぎとめた。幸いにも、『魁新聞』はまもなく内紛が起き、一四年八月に廃刊となった。津田は越前福井（現在の福井市）に走って『越陽絵入新聞』で働いたが、短時日のうちに病没した。

上野理一
（朝日新聞社蔵）

こうして『朝日新聞』は延命に成功した。しかし、木村平八は、新聞経営は自分の手に負えないと判断し、今後は龍平が単独で引き受けるように説得を試みた。朝鮮貿易に未練があった龍平は数カ月にわたって断り続けたが、木村と共通の友人で、船場《せんば》で薬種商を営んでいた細見貞の口添えもあって、新聞経営に専念することを決意した。細見は『朝日新聞』の創刊時からその経営に関心を持ち、木村平八と龍平の相談相手になるだけでなく、資金不足の時は融資することも厭わなかった。朝日新聞が有能な会計責任者を求めているのを知って、後に龍平の共同経営者になる上野理一《うえのりいち》を摂津伊丹（現在の伊丹市）の郡役所から引き抜いたのも細見である。

上野は丹波篠山の名家の出であるが、幕末の農民暴動などで家が没落したため、青少年時代はたいへん苦労した。しかし、刻苦勉励の結果、知識豊かで、文化にも明るい人物に育った。五代友厚ら大阪財界のリーダーたちからも愛される存在であった。

龍平と上野の共同経営を二人に持ち掛けたのは細見である。上野にその希望があるのを察して、必要な資金も世話した。龍平も単独経営に十分な自信がなかったため、細見の提案に応じた。

龍平が木村平八から朝日新聞の所有権一切の譲渡を受けたのは明治一四年一月である。一方、木村平八は玉泉舎の一切の権利・資産を放棄して、龍平に譲渡した。龍平はその後、新聞経営に全力を注ぐ決意を固め、玉泉舎を廃業した。

経営難の最中も紙面改革を急ぐ

『魁新聞』との生き残りをかけた販売合戦の中で、『朝日新聞』は財政難に苦しんだ。いま残っている明治一三年一二月の収支記録によると、収入が約一九七〇円、支出が約二三九〇円で赤字であり、また負債も債権を大幅に上回っている。同九月に入社した上野は帳簿を一見して、紙代の未払いや給料の遅配がたびたび起きている状態に「これほど悪かったのか」と驚いたという。

当然のことながら、龍平は緊縮経営を徹底し、用紙、インクなど資材調達には自ら携わることにした。しかし、龍平がそれより重視したのは「売れる新聞を作る」ための紙面改革である。その主要なポイントは五点だ。

(1)同三月一二日から金融・商品市況を扱う「近日商況欄」を設けた。

(2)宇田川文海、岡野半牧ら、当時のスターライターを多数引き抜いた。
(3)小説をできるだけ多く掲載した。
(4)東京、長崎、函館、上海、朝鮮など、内外の重要地に特派員を送った。
(5)当時、国民が強い関心を持っていた国会開設問題や北海道開拓使の官有物払い下げ問題の報道で、電報を多用することによって速報した。

これらの作戦は好評を博した。とりわけ、報道戦で効果を発揮したのは明治一五年七月、朝鮮・ソウルで起きた壬午《じんご》事変においてである。当時、大阪の新聞で、朝鮮と長崎に特派員を置いていたのは『朝日新聞』だけであり、しかも、他の新聞が原稿を郵送していたのに対して、『朝日』は電報で送ったので、時間的にも内容的にも特ダネ続きで、独走した。

改革の狙いを明示した「吾朝日新聞の目的」

『朝日新聞』は明治一五年七月一日付紙面に「吾朝日新聞の目的」と題する一文を掲載し、『朝日新聞』がどのような新聞を目指しているのかを明確に示して注目された。当時の大新聞（政論新聞）が政党機関紙化の傾向を強め、小新聞は相変わらず低俗な記事で埋まっていたのに対して、まったく違ったタイプの新聞像を提示したからである。少し長くなるが、「吾朝日新聞の目的」全文を次に紹介する。

新聞はひとり政談を載するのみの器にあらざるなり。一に政略を議するのみの具にあらざるなり。

汎く江湖の新話を記するに在り。社会の奇事を掲ぐるに在り。人をして智識拡充の一助たらしむるに在り。勧善懲悪の小補たらしむるに在り。然れども徒に事の該博のみを要すれば、柱なき大厦の如く骨なき肉体の如く、また何の用をか爲さん。説の新奇のみを求むれば、人を目前に喜ばしむるに止まり、曽て世を益する所あるを見ざるなり。故に新聞の大小広狭に論なく、各その一定の主義とする所なかるべからず。主義とは固く守る所あるをいうなり。社論の向かう所を示すものなり。もとより政略を論ずるに漸進改進の別あるのみを是謂うにあらず。然るに世の人は今日の新聞を視て一概に政談を載するの器械の如く見なし、彼は官権に左袒するものの如し、これは純粋の改進派なりと皮相上より揣摩の臆評を下し、新聞とさえいえば必ず官権改進の両党いずれにか与すべきものと想像せるは大なる誤見と謂わざるを得ず。夫れ政略を論ずるはまことに今日の急務なり。然りといえども、政略の外に猶論ずべき急務的の更にこれより大なるものなからんや。世人は試みに退いて今日の世態人情を見よ、果たして徳義というものあるか、廉恥というものあるか。徳義は廃れて泥に委し、廉恥は除って地を払い、その重んずべく貴ぶべきを知るものの百に二、三もなきほどのあさましき世態人情とはなりしにあらずや。人にして徳義なく廉恥なきときは何を以てその一身を保持するを得ん。一身すら猶且つ保持すべからず、また何の暇あってその国家を保持するを得ん。然れば則ち政略を論ずるは末なり。徳義を培い廉恥を養うは本なり。本すでに立てばその末なるもの自ずから挙ぐるは勢いの然るところ三尺の童子もその理を悟り得べし。そもそも怪しむ、世の人はかくの如き睹《み》易き道理を察せずして漫りにその末にのみ是走り、誰一人あって力を徳義の培養に尽くすものなく、天下を挙げて滔々たる浮薄世界となさしめんとするものの如きありさまなるは豈《あに》歎ずべく悲しむべきの至りならずや。然りと雖も今日の人民にして政事思想を懐き、その改良を冀《き》望《ぼう》して国家の痛痒をその心に体するは誠に無上の美事たり。国家の為に慶すべき事たれば敢えてこれを論ずる勿れ、議すべからずというにあらず。ただその本を捨て、末にのみ走るの弊を嬌《た》めんことを欲するなり。斯く言えば人将《ま》た笑わん。区々たる新聞紙の力を以て徳義廉恥の頽瀾を挽回せんとするは殆ど蟷螂が斧の譏《そしり》たるを免れず。終に労して功なからんのみと。これまた或いは然るものの如し。然れども新聞紙は以《もっ》て江湖《こうこ》の輿論《よろん》を載《の》するものなり。公儀の在る所を示すものなり。区々たる一器械といえども、その勢力の強き蒸気力啻《ただ》ならず。殊に教育の法未だ普《あまね》ねからざる吾国の人民に於いては、学問の捷経ともいうべく、知恵の庫とも称すべき必須のものたり。誰かこれを目して蟷螂の斧に比するものぞ。思わざるもまた甚だし。吾朝日新聞の如きは、もとより力量なく、勢気なき微々の一小新聞なり。豈敢えておこがましくもその頽瀾を挽回するといわんや。只今より事にここに従い、以ていささか平生に着眼する所を達せんことを庶幾《ねが》うのみ。然るに近頃世の齷齪《あくさく》者流《しゃりゅう》がみだりに今日の新聞を目して官権党とし改進派とし、揣摩の臆評を逞しくせんとするもの多きに依り、ここに吾輩が自ら信じてその目的とする所を明らかにし、汎く江湖の人に告ぐ。

この文章の中で、『朝日新聞』が打ち出しているのは、「世間一般は、新聞とは政論新聞で、官権派すなわち政府擁護派か、改進派すなわち民権政党派に分かれると考えているようであるが、それは間違いだ」という点である。そして、新聞とは「ニュースを報道することによって、智識拡充を助け、勧善懲悪の判断を補うべきものである」と強調している。さらに新聞にとっての急務にすべきなのは、政略を論ずること以上に、徳義廉恥を頽廃から引き戻すことにあると主張している。つまり、『朝日新聞』の目指すところは、藩閥政府と民権政党の政争に関わることなく、報道主義に徹して、モラルの回復向上に貢献することにあった。

『朝日新聞』はこの論文発表から二年後、明治一七年六月一三日、紙面を拡大、内容を改革するのに合わせて、「傍仮名新聞の本色」と題する社説を掲載した。この社説で『朝日新聞』は、「新聞は紙面の大小、振り仮名の有無の違いはあるが、社会の木鐸《ぼくたく》であることには変わりはない。世の中の現状を見ると、文明開化もまだ道遥かの状態であるから、今日の新聞は高尚な政治論を主張するより、難しい漢字には仮名を振り、場合によっては挿絵も入れて、世の人々の知識の開発に寄与すべきである。そして、多くの新聞がそのような行動をとれば、将来、新聞の振り仮名が不要になる時がくるに違いない」と説いた。

この時期、龍平は早朝から深夜まで会社に詰め、事実上の編集長として、主だった記事に朱を入れていた。新しいタイプの新聞づくりに全力を注いでいたのである。したがって、「吾朝日新聞の目的」と「傍仮名新聞の本色」には、龍平の新聞についての考え方が色濃く反映されている。新しい編集方針による紙面上の具体的変化は二つある。一つは、藩閥政府の独裁色の強い政治運営と政党間の政争に対する批判を強めたことと、他は、特派員を増やし、読者の目を海外に向けて教育しようとしたことだ。とりわけ、明治一五年と一七年の朝鮮事変と一七年の清仏事変では、『朝日新聞』は特派員による特ダネを連発し、他紙を圧倒した。

『朝日新聞』は明治一九年初めから再び紙面改革を行い、新任の織田純一郎主筆の社説を一面に掲げるなど、報道第一主義の新型の大新聞の原型を完成させた。

しかし一方で『朝日新聞』は、明治一四年中に二度の発行停止措置を大阪府から受けている。そのうち一度目は、一介の小新聞であった『朝日新聞』が「平仮名国会論」（小室信介《こむろしんすけ》の起草）と題する国会早期開設論を掲載したのに大阪府がショックを受けたらしい。

2　全国紙を目指す

明治二一年（一八八八）からの約一〇年間は、龍平にとって生涯、最も多忙であった時期である。『東京朝日新聞』を創刊し、『東京朝日』『大阪朝日』を両輪とする全国紙としての基礎を固める時だったからである。『東京朝日』の創刊は、約三カ月間務めた大阪府会議員の辞任と、後妻の萬《ま》寿《す》との結婚（一一年間連れ添った先妻の安枝は二年前に死去）とに、時期的に重なる。龍平は商法会議所の議員として、また大阪西区の町会役員や府会議員としても、大阪の発展のために尽力してきた。それなのに、府会議員をたった三カ月で辞任したのは、大阪に対する愛情が失せたからではなく、「朝日新聞の東京進出を果たして、全国紙としての基礎を築くためには、この機会を逃してはならない」と決意したからであろう。

『東京朝日新聞』を創刊、自ら編集長を務める

明治二〇年（一八八七）、地租の軽減、言論集会の自由、条約改正の廃止などを要求する反政府運動が盛り上がったことに手を焼いた藩閥政府は、同一二月に保安条例を発布して、政治家、新聞記者ら約五〇〇人を東京から立ち退き処分とした。その中に自由党の幹部だった星亨《ほしとおる》とその同志ならびに機関紙であった『めさまし新聞』の新聞記者が多数含まれていた。このため、『めさまし新聞』の発行が不可能となり、星は龍平に売却話を持ちかけた。東京進出を狙っていた龍平は、当然、この申し出に飛びついた。商談が成立すると、編集をはじめ全ての部門を「居抜き」の形で、表題だけを『東京朝日新聞』と変えて、明治二一年七月一〇日から発行した。

龍平は事実上の共同経営者である上野理一に大阪朝日新聞社の経営を任せる措置を取った後、東京に移り住み、『東京朝日新聞』の編集長として大車輪の活動を始めた。初めは築地《つきじ》の旅館に宿泊したが、ただちに新聞社に近い銀座三丁目に邸宅を買って移った。毎日、早朝から深夜まで会社に詰め、全ての原稿に目を通して、自ら朱を入れた。また、社長として、経営全般も強力な指導力を発揮した。

龍平が最も力を注いだのは創刊号から着手した紙面改革である。紙面を大型化して面目を一新するとともに、大阪での経験に基づいて、報道第一主義を改革の柱とした。第一面の冒頭に社説を、次いで電報欄、雑報欄を置き、第二面、第三面には雑報欄と連載小説を掲載した。第四面には、官報を収録するとともに、広告を掲載した。

報道第一主義は東京でも好評を博した。とりわけ、全市民の目を引き付けたのは同七月一五日に起きた福島・磐梯山《ばんだいさん》の大爆発の速報であった。当時、東京で発行されている新聞は、地方で起きた事件・事故を大きく扱うことはなかった。人々の生活に深く関わることであっても、内務省の地方組織から本省への報告を写し取って、簡単に報道するというのが常套的なやり方であった。しかし、龍平の行動はまったく違った。政治担当記者の古谷次郎が内務省幹部から聞いた磐梯山の爆発による被害の惨状について報告を受けると、古谷に対して、「内務省幹部とともに急いで磐梯山に行き、爆発被害の模様に関して詳しい記事を書いて電報で送れ」と命令した。そして、この記事が大きな反響を呼ぶ中で、今度は、連載小説の挿絵を制作していた画家と彫刻家を現地に送り、十数枚の写生版画を作らせて、次々と新聞に掲載した。この結果、『東京朝日新聞』の読者は急増し、発行部数は創刊二カ月で、一万一〇〇〇部を超えた。

政論新聞として『東京公論』『大阪公論』を創刊

龍平は『東京朝日新聞』創刊という大事業を手掛ける一方で、さらに新しい事業に着手した。政論新聞である『東京公論』と『大阪公論』の創刊（明治二二年一月三日）である。主な内容は、政治を中心とする天下国家を論じた記事と、他の新聞には見られない欧米事情についての詳報である。龍平は『大阪公論』の主筆に、英国留学歴が十数年に及び、欧米の政治・法制度に精通した織田純一郎を起用した。龍平と織田は政治的にバランスの取れた紙面づくりを心掛けたが、時には条約改正問題などで痛烈な藩閥政府批判を展開した。

それにしても、龍平はなぜ、『東京朝日新聞』創刊と、『東京公論』『大阪公論』の創刊という二つの力のいる事業を同時に行おうとしたのであろうか。しかも、『大阪朝日新聞』を作る過程では、政論新聞をかなり明確に否定していたにもかかわらず、である。龍平は、『大阪公論』を二三年五月に廃刊するが、『東京公論』の方は発展的解消の形で、同一一月二五日の帝国議会開設に合わせて『国会』と題する新しい新聞を発行した。この執筆陣は一流ライターを網羅したもので、その一員であった幸田露伴《こうだろはん》は「村山さんは『国会』を東洋のロンドン・タイムスにしたかったのではないか」と評している。ちなみに執筆陣には、幸田のほか、末広鉄腸《すえひろてっちょう》、三宅雪嶺《みやけせつれい》、志賀重昂《しがしげたか》、井上哲次郎《いのうえてつじろう》、穂積八束《ほづみやつか》、星亭、森鷗外、坪内逍遙《つぼうちしょうよう》、尾崎紅葉《おざきこうよう》らが顔を連ねている。龍平は、『公論』や『国会』を創刊し、約五年間、赤字にもかかわらず発行し続けた理由を生涯明かしていないが、『朝日新聞』をさらに発展させる基盤を構築しようと、『国会』を「試験管」として利用しながら試行錯誤を繰り返していたと思われる。

織田純一郎
（朝日新聞社蔵）

多忙な生活

ところで、その頃の龍平は毎日、どんな生活を送っていたのであろうか。まさに「猛烈人間」の典型である。

龍平は毎朝、五時前に起きて軽い運動をした後、東京で発行されている全ての新聞に目を通し、『東京朝日新聞』の問題点と、この日、同社の幹部に問うべき項目を頭の中で整理する。出社すると、まず、営業課で販売や会計の数

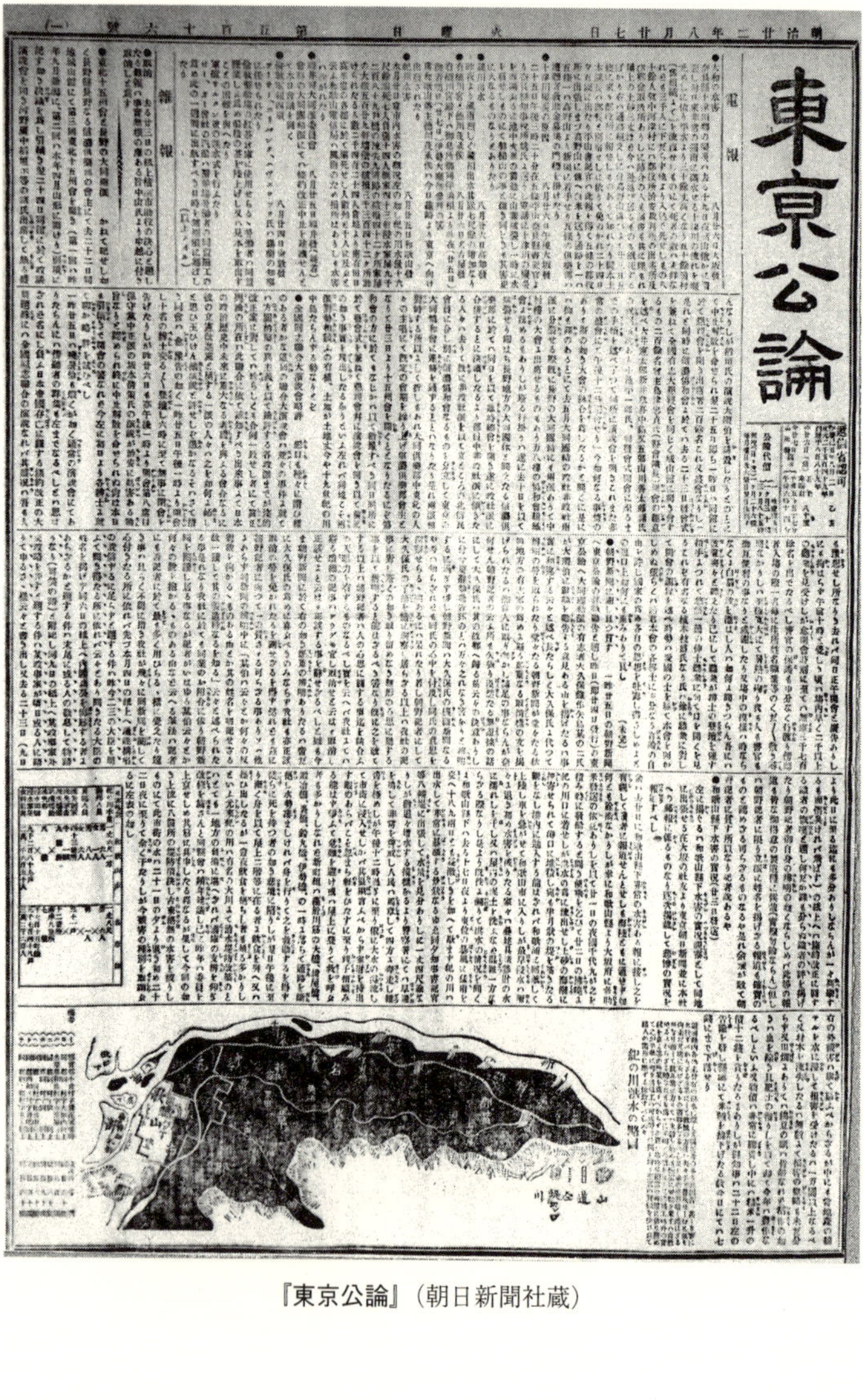

『東京公論』（朝日新聞社蔵）

大阪公論

『大阪公論』（朝日新聞社蔵）

字をチェックし、営業の進行状況を幹部に質す。次いで、編修関係の各部課を回り、『東京朝日新聞』と『東京公論』の原稿の集まり方をチェックするとともに校正刷りに目を通す。さらに、その日起こった重要問題について、各担当記者から詳しい説明を聞く。夕方になると自宅に帰り、翌日、発行される新聞の大刷りが届くのを待ち、詳細に目を通して、必要箇所に朱を入れて、編集部に持たせてやる。夕食はほぼ毎日、築地精養軒《せいようけん》で摂り、終わると、集まってきている各界のリーダーとビリヤードをしながら談笑する。この場で得る情報は龍平と『朝日新聞』にとって貴重である。午後八時過ぎには必ず帰宅する。会計主任の木村騰、販売主任の小西弥兵衛、庶務主任の宇野長与茂の三人が待っているからである。三主任は社で夕食を摂った後、社長宅に来て、営業状態、販売状況、競争会社の動きについて意見を述べ、龍平の判断と指示を受けるのが習慣であった。このように社長と社員両方の、朝夕を分かたない社への貢献があったからこそ、東京・大阪の両『朝日新聞』がともに業界一の部数を誇るという困難な事業が達成できたのであろう。

反朝日同盟に直面する

だが、『東京朝日新聞』は創刊二年目の春、思いもよらない大障害に突き当たる。『朝日新聞』の躍進に惧れをなした、『時事新報』『郵便報知新聞』『朝野新聞』『読売新聞』『東京日日新聞』などの在京一六社が談合し、大手の新聞販売店を巻き込んで、『朝日新聞』の新聞代割引を中心とする販売攻勢を中止せざるを得なくする協定を結ぼうとしたのである。最終的に一六社同盟は新聞販売店側に、「東京朝日新聞と東京公論の販売を続ける販売店に対しては、一六社の取次ぎを中止するだけでなく、売掛代金の即納を求める」という強硬な要求を通告した。

これに対して龍平は、五大販売店の経営者を訪問し、朝日新聞側の主張の正当性を訴えた。その趣旨は、(1)新聞は社会の公器であり、各新聞があらゆる面で自由性を維持できなければならない、(2)同盟側が朝日新聞に迫害を続けるのなら、朝日新聞はあくまでも戦う、(3)販売店側が『朝日新聞』と『東京公論』の販売を続けるならば、販売店の一六社に対する買掛金は『東京朝日新聞』が一時立て替えをしてもいい、というものであった。五大販売店の経営者は全員、龍平の説得を受け入れたため、一六社同盟の朝日新聞封じ込め作戦はいったん失敗に終わった。

ところが、反朝日グループは翌年、一七社同盟を結成し、『東京朝日新聞』の販売攻勢を再び封じ込めようとした。ただ、一七社同盟側は前年の失敗に懲りて、今度は『朝日新聞』を中傷する作戦に出た。膨大な拡販資金を得るために、政府にすり寄り、多額の補助金を獲得した、というのである。これに対して『朝日新聞』は、「わが社は常に中正の道を歩んで、松方内閣の提灯持ちをしたことは断じてない。東京で三万部、大阪で六万部の新聞を発行するまでに発展しているのに、なぜ政府の御用紙となって、新聞の本道を逸脱する必要があるであろうか」と反論した。この紛争は、大部分の新聞販売店が紛争の反復を嫌ったこともあって、またも『朝日新聞』の勝利に帰した。

しかし、この『朝日新聞』の反論は必ずしも正しくない可能性がある。それは、後に発見された伊藤博文に関する資料や三井文庫資料などによって、『朝日新聞』が明治一五年から二八年まで政府から支援を受けていたことが判明したからである（これについては次節で詳述する）。

龍平は『東京朝日新聞』の創刊から二年間に、『朝日新聞』の発行部数を日本一にするために多くの「攻めの手」を打っているが、なかでも世間を驚かせたものが二つあった。一つは、憲法全文の大阪への速報であり、他は、当時、世界的にも最新鋭であったフランス・マリノニ社製の高速輪転機の導入である。

世間を驚かせた憲法全文の速報とマリノニ輪転機

維新以来の懸案であった大日本帝国憲法は明治二二年二月一一日（紀元節）に発布された。龍平は他の新聞社代表とともに皇居の大典式場に近い回廊に集められて参列した。この朝、龍平は他の新聞代表者の大部分が夢にも考えていないような計画を練り上げていた。憲法の全文を電報通信で大阪に送り、その日のうちに号外を発行するプランである。龍平はこの日、政府から憲法全文を入手すると、社員に至急、電報文に直し、大阪本社に送るよう命じた。当時の新聞業界の常識では、憲法全文を大阪の新聞に載せるためには、東京から大阪に郵送するか、社員に東海道線（東京・大阪間はまだ全線開通していなかった）で運ばせるしかなかった。この常識を龍平は破ったのだが、「報道第一主義」を奉ずる龍平にとっては当然の帰結でもあった。

憲法全文を受け取った『東京朝日新聞』では、翌朝の『東京朝日新聞』の付録と『東京公論』の本紙に収録するとともに、東京朝日新聞社内にあった『大阪朝日』東京支局の記者が総動員で、難しい漢字だらけの正文を片仮名の電報文に書き改め、難しい漢字の説明はいちいちカッコ内で行った。この労力はたいへんなものであったが、それ以上に困惑・混乱したのは超長文の電報文の急送を依頼された東京電信局（京橋）と受け取った大阪電信局（梅田）の係員であった。憲法全文の電報文は一万七三〇字。電報代金は七八円二〇銭と高額であった。

大阪で即日発行された号外は赤刷りで、翌日朝刊の付録には、憲法のほか、同時に発布された皇室典範、議院法などの重要法典が収録された。

憲法発布に伴って大阪で号外を発行したのは『大阪朝日』だけではない。『大阪毎日新聞』と『鶏鳴新報』も追随した。しかし、『大阪朝日』のように準備が完璧ではなかったため、号外発行は朝日より五時間以上遅れた。

『大阪朝日新聞』の憲法報道があまりにも速く、間違いもほとんどなかったため、憲法発布数日後に政府部内で、「政府高官の誰かが事前に憲法正文を朝日新聞に流したのではないか」という声が上がり、警察などが調査に乗り出す事態が起きた。その疑いは、東京と大阪に電報電信記録が残っていたのですぐ晴れたが、普段は自分の行動を自賛することのない龍平が、このことに限っては、「業界他社だけでなく、政府の鼻を明かせて、愉快千万」と大喜びした。

龍平が世界最新鋭のマリノニ高速輪転機の導入に踏み切ったのは、国会開設を前にした明治二三年早春であった。国会が開設されれば、関連記事や議事録を載せるためにページ数を増やし、印刷速度を上げることが必要になると新聞各社は認識し、印刷能力の向上に動き始めていた。しかし、『東京朝日新聞』以外の各社の改革は、従来型の平板印刷機を増加する程度で、革新的なものではなかった。この点、龍平の姿勢はまったく違った。龍平は約二年前から西欧の印刷事情を調査しており、フランス製のマリノニ高速輪転機に狙いを定めていた。

高橋健三
（朝日新聞社蔵）

マリノニ高速輪転機に購入意欲を示している男が、もう一人いた。内閣官報局長を務めていた高橋健三《たかはしけんぞう》で、後に『大阪朝日新聞』の事実上の主筆に就任するほどのインテリであり、内閣書記官長を務めるほどの能力の持ち主であった。高橋は政府の立場から、国会における論議を国民に知らせる必要があり、そのためには高速輪転機が必要と考えたのである。龍平と高橋は、たまたま、築地精養軒のランチ友達であった。龍平は、高橋が二三年二月にマリノニ社との交渉のために渡仏すると聞いて、大阪朝日新聞社員の津田寅次郎を同行させてほしいと依頼し、許可を得た。

津田は高橋の一行とともに同二月二三日、横浜を出帆し、フランスに向かった。パリでは、朝日新聞社向けの高速輪転機が同七月上旬に完成、同中旬に日本に出荷される契約を結び、出荷を確認するまでの期間、同型の高速輪転機を使用している新聞社に通い、実習を重ねた。その結果、マリノニ高速輪転機は同九月中旬、東京朝日新聞の工場隣に新築された煉瓦造り倉庫に到着した。新輪転機の能力は三六〇回転／分、一時間に四頁の新聞紙一万五〇〇〇部の印刷が可能で、従来の印刷機の約二〇倍にアップした。朝日新聞社がマリノニ社に支払った金額は印刷機本体、付属品、保険料、諸雑費込みで二万九一八二フラン（一フランは当時の通貨で二六銭余）であった。

マリノニ高速輪転機を迎えた龍平は、いつもの冷静さを失って、いささか興奮状態に陥っていたのだろう、輪転機を愛撫するような仕草までして見せた。九月二七日には「マリノニ輪転印刷機の導入によって、国会議事の詳細かつ迅速な報道が可能となった」という、勢い込んだ社告を掲載した。また、マリノニ高速輪転機の試し刷りには常に立ち会った。ただ一つ、困ったことが生じた。津田がフランスで、インクと油をいかに調整するかを詳しく尋ねるのを忘れたため、試し刷りを重ねても鮮明な印刷ができない。自らの失敗に落ち込む津田を見て龍平は、「諦めてはいけない。精限り根限り、何百回でも、油でインクを溶かして伸ばしていけば、いつかは適当な調合割合が必ず見つかる」と励まし、二人で、顔と手足を真っ黒にしての試し刷り作業を延々と続けた。最終的に最適な調合度合いが見つかるまでには一年以上の時間を要した。

『東京朝日新聞』は創刊から日清戦争に至る間、他紙に比べて激しい政府批判を展開した。とりわけ条約改正問題では、高橋健三、杉浦重剛《すぎうらじゅうごう》らを客員論説委員として招き、延期論を展開した。なかでも高橋の論説「万国公法は法律にあらず」（『大阪朝日新聞』明治二六年四月三〇日付）は大きな反響を呼んだ。一方、企画記事では、西村天囚《にしむらてんしゅう》による「福島中佐の単騎シベリア横断」報告などが大ヒットした。その結果、『東京朝日新聞』の創刊から一〇年目の明治三二年の発行部数は約五万部、二〇年目の明治四二年には約一〇万部に躍進した。『大阪朝日新聞』を併せるとそれぞれ約一七万部、二六万部となり、名実ともに日本最大の全国紙となった。

西村天囚
（朝日新聞社蔵）

3　政府支援を狙う

五代友厚への書簡

ここに村山龍平から明治時代前半の大阪財界ナンバーワン、五代友厚に宛てた書簡がある。日付は明治一五年五月七日。要旨は、「私が政府要人とお会いし、政府が朝日新聞社に資金援助するように要請し、承諾していただいたのだが、その後今日まで、政府から何の沙汰もありません。私から政府要人に直接、催促するのは失礼にあたるかもしれないので、この話の仲介者である貴方から政府要人に催促していただけないだろうか」というものである。しかし、政府要人の名は明記せず、「先覚者」という表現でぼかすなど、謎めいた内容になっている。とはいえ、このような書簡が存在する以上、政府と朝日新聞社の間で資金援助をめぐる何らかの交渉話があったことは否定できないであろう。

明治政府の朝日新聞社に対する資金援助をめぐる話は、明治時代以来、かなりの数の学者や専門家が部分的に触れてきたが、資料が少ないことなどから全容は明らかにならなかった。しかし、第二次世界大戦前後に伊藤博文の「秘書類纂」や三井文庫関係資料などが公開されて、解明が進んだ。とりわけ有山輝雄氏（メディア史研究者）の研究によって、今日ではほぼ全容が明らかになった。以下は同氏の著書『「中立」新聞の形成』などに基づく、明治政府と朝日新聞社の裏面史のあらましである。

明治二〇年代までのジャーナリズムは、自由民権派に近い政論新聞による反政府的言論が支配的で

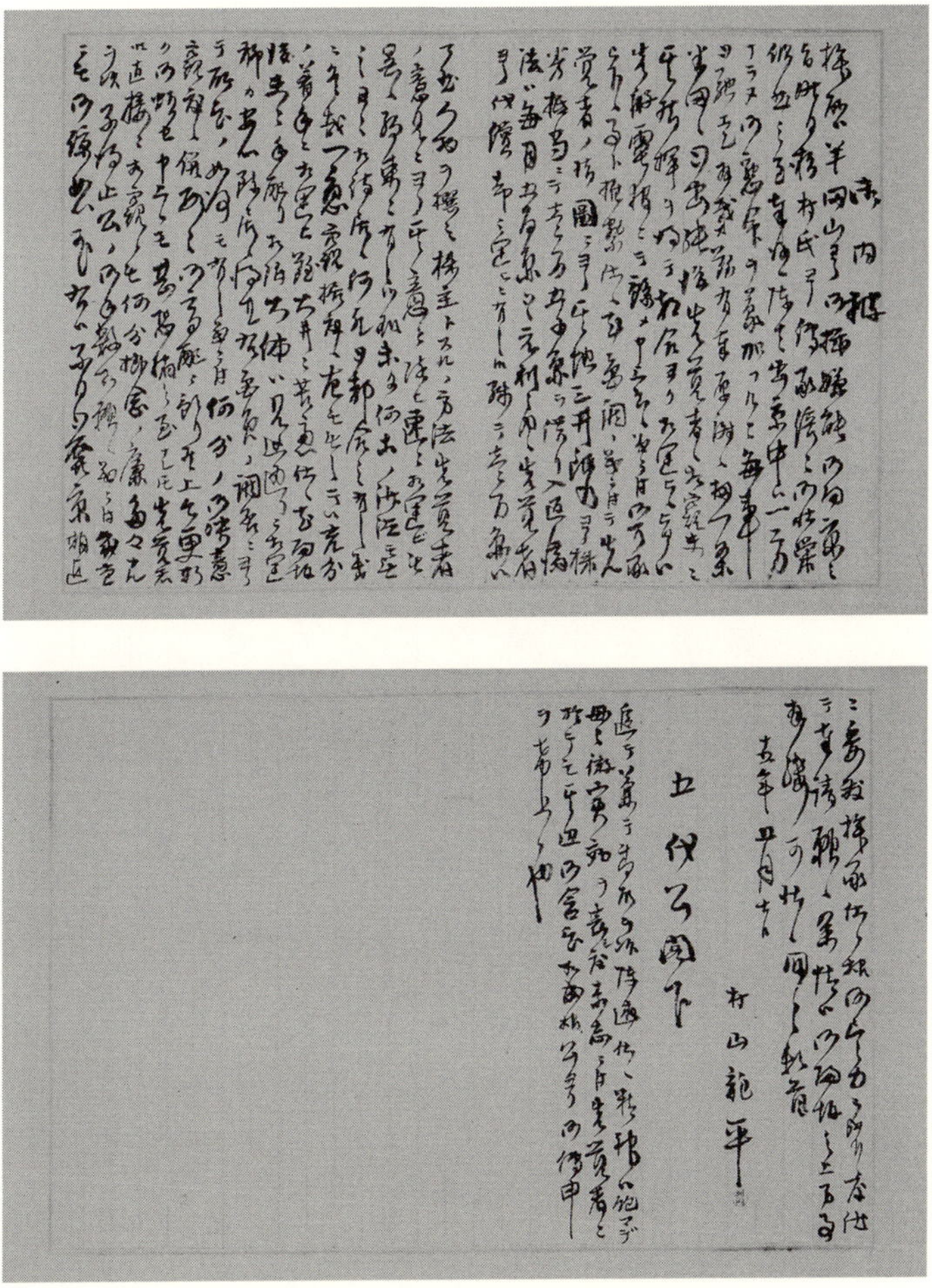

五代友厚への書簡（大阪商工会議所蔵）

あった。これに苦慮した政府は対策として三つのことを俎上に載せた。すなわち、(1)新聞条例などによる厳しい言論弾圧、(2)御用紙の保護育成、(3)中立的言論の育成である。言論弾圧の限界が明らかになり、御用紙の育成が失敗する中で、一〇年代前半、中立的新聞の育成による輿論操作を支持する意見が政府内でも強まった。その典型が井上毅《いのうえこわし》の「人心教導意見案」(明治一四年)である。

意見の要旨は「大阪の半官新聞や本願寺などの非党派系の新聞に補助金を与えて育成し、しかも、これらの新聞には政府の意見を直接代弁させるのではなく、政府と異なる意見を持つときは沈黙の自由を与えて、外面的には中立性を維持させる」というもので、人心教導の高等政策を展開している。

これは同時期に出された山県有朋(当時、参事院議長)の官報発行の建議と共通の発想である。山県は、「政府が発行する官報は法令の掲載にとどめる。政府は民権派との論争には直接参加せず、名望ある記者を擁する『普通の新聞紙』に任せ、輿論を操作するのがいい」と主張する。「普通の新聞紙」とは、いわゆる御用新聞ではなく、外面的には中立的な新聞を指す。

経営の主導権が村山龍平の手に移った当時の『朝日新聞』は小新聞ではあったが、「吾朝日新聞の目的」と題する論文や「朝日新聞執務規定」で明らかなように、報道中心で、政治的には中立的な新聞を目指していた。しかも、発行部数は約二万部と大阪で業界トップだから、輿論に対してかなりの影響力を持っていた。こうした状況を考えると、政府が『朝日新聞』を資金援助するのに最適な新聞と判断してもおかしくないであろう。

政府からの支援

政府の朝日新聞社に対する秘密支援計画は二つの部分から成り立っていた。第一は、朝日新聞が三井銀行から明治一五年四月、一万五〇〇〇円を借り入れる。金利は一〇〇円当たり一カ月一円、同月から毎月五〇〇円を返済の約束であった。ところが、朝日新聞社と三井銀行の間の『確証』によると、返金するのは朝日新聞社ではなく、「某殿」となっていた。「某殿」とは政府であり、具体的には、内閣機密費を使った補助金であったと推測される。第二は、政府が三井銀行に対して一万円を下付し、朝日新聞社の株式を保有させた。株主名は「小野十作」。配当は当初、年八分に固定、後に無配当となった。

朝日新聞社の経営は龍平が木村平八から譲渡を受けた時以来、龍平と上野理一の共同経営であったが、政府支援を受けることになった結果、一五年当時の株式構成は総額三万円で一株一〇〇円、株主は村山龍平・一三四株、小野十作・一〇〇株、上野理一・六六株となった。政府による朝日新聞社支援は両者にとって極秘事項であるから、小野十作という株主の存在がいっさい公表されなかったのは当然であろう。

だが、龍平と上野理一の共同経営が長い間、社内的にも公表されなかったのは不思議である。その本当の理由は朝日新聞社史を含めた朝日新聞関係資料の中にまったく記述されていないので分からないが、政府から支援を受けたことが絡んでいるのは間違いないであろう。他の理由があるとすれば、有力財界人の中に、『朝日新聞』のような小新聞に関わることを嫌う人物がいるなど、上野の大阪財界における微妙な立場上、一時期、朝日新聞社の共同経営者であることを明かしたくなかったのではないだろうか。借金して共同経営に乗り出したことも多少、関係あるかもしれない。

朝日新聞社に対する政府による支援は、三井銀行からの貸し付けを三〇カ月かけて完済した後も出資の継続という形で続いた。出資関係が最終的に解消されたのは明治二七年だと思われる。これは当時の内閣書記官長、伊東巳代治《いとうみよじ》の伊藤博文宛の書簡の中に内閣機密費についての報告があり、「昨年、朝日新聞から二万四三〇〇円の入金があった」旨の記述があるからである。二〇年代後半になると激しい政府批判を繰り返す政論新聞の勢力が弱まり、政府にとって新聞支援の必要性は低下した。一方、『朝日新聞』は発行部数が伸びて財政が豊かになり、また、懸案の東京進出も果たしたので、政府から支援を受ける必要はなくなった。こうした双方の事情から政府支援は終結に至ったのであろう。

朝日新聞社が明治政府から補助金を受けた事実は、前述したように、有山氏の著書『「中立」新聞の形成』で実証された。その過程で、有山氏と朝日新聞社の間で微妙なやり取りが交わされた。それについて、有山氏が同書第三章の注で興味ある文章を記しているので、そのまま紹介する。

本論文は、もともと一九八六年に当時筆者が勤務していた大学の紀要という比較的めだたない雑誌に発表されたものである。その時点で朝日新聞社が刊行していた『村山龍平伝』『上野理一伝』『朝日新聞の九十年』といった正式社史には、政府からの出資・援助の事実はまったく記載がなかったので、拙論文を朝日新聞社社史編修室に送った。朝日新聞社からは格別の返答はなかったが、一九九〇年に『朝日新聞社史・明治編』が刊行された際にはなぜか寄贈を受けた。同書八七ページには、「政府から資金援助」という小見出しで約一ページで政府から資金援助を受けた旨の記述があるが、典拠資料としてあげられているのは、伊藤博文『秘書類纂』のみである。また『朝日新聞社史・明治編』は、「なぜ朝日が政府から援助をうけたのか、また大衆の教化と中立の立場を主張しつづけていた朝日のような小新聞に、なぜ政府が援助する気になったのか、社内に残されている記録からはわからない」と記している。

本章のもとになった論文を発表した後、東京大学法学部明治新聞雑誌文庫に、本書で利用した三井文庫「朝日新聞諸書類」を筆写した「朝日新聞社史料」と題する手書き原稿があることを知った。ただいつの時点かはわからないが、西田長寿氏が三井文庫で史料を見出し、筆写したのであろう。ただ西田氏は、この史料を紹介する論文等は書かれなかった。（有山輝雄『「中立」新聞の形成』一〇九頁）

「政府支援」をどう評価するか

ところで、龍平が新聞経営者として政府支援を求めたという行為は、どのように評価したらいいのだろうか。もちろん、支援を受けずに済めば、それに越したことはなかったのは当然である。しかし、支援を受けなかったら、龍平が大阪で繰り広げた攻めの経営はできず、東京進出が滞った可能性はかなり高い。

問題は、政府支援によって『朝日新聞』の紙面が歪められ、実質的な御用新聞と化したか否かである。だが紙面を見る限り、そのような変化はなく、とりわけ、清国、ロシアに対する外交政策では、政府の弱腰を厳しく批判し続けた。

一般的に見て、明治二〇年代前半までの新聞社は、大新聞、小新聞を問わず、経営は脆弱であった。したがって、政府や有力政治家、財界リーダーの支援を受けることが当然というような風潮さえあった。『大阪毎日新聞』を大新聞社に育て上げた本山彦一《もとやまひこいち》も、政府の援助を求めて山県有朋と接触したことがある。ただ、この申し入れは成功しなかった。

経営の苦しい新聞『日本』を刊行していた陸羯南《くがかつなん》に対しては、近衛篤麿（元貴族院議長）が資金援助をした証拠が残っているし、品川弥二郎、谷干城ら有力政治家も援助したといわれる。

新聞社と政府や政財界リーダーとの支援をめぐる協議では、朝日新聞社のケースを除いて、支援条件などが書面として残っているものは、今のところ存在しない。では、朝日新聞社は交渉の過程で、なぜ多くの書類を作ったのか。これは推測に過ぎないが、龍平はやむを得ず政府支援を求めたが、支援条件をめぐって政府の要求が過大になるのを防ぐため、朝日新聞社側からも多くの条件を求めようとしたのではないか。そうした、龍平が政府に対して行った支援条件を詰める行為が、結果的に、当時の新聞と政府の関係をうかがい知るのに役立つ貴重な記録となった。

村山・上野の関係は「造化精妙」

前述した朝日新聞社の共同経営者、龍平と上野理一の微妙な関係については、朝日新聞社裏面史として、いくつかのことを付け加えておく必要がある。二人は正反対の性格の持ち主であった。龍平は、性格は奔放、行動は迅速。一方の上野は、理性的で妥協性に富み、慎重な行動を常とした。二人が会った途端に、なぜ「生涯の友」と感じ合ったのかはわからない。長谷川如是閑《はせがわにょぜかん》は二人の関係を「造化精妙」（二人ないし二つのものの関係が偶然にうまくいく、の意）と表現している。そして、「村山と上野の組み合わせが絶妙だったことによって、朝日新聞が大発展した」と述べている。この見方については、社内外の多くの関係者が肯定している。

しかし、現実の二人の関係ははるかに複雑であった。上野は、朝日新聞社に対する政府支援の開始後、朝日新聞社規約書の改正を、三井銀行幹部の西村虎四郎にたびたび働きかけている。これは当時の規約書では社長である龍平の独断専行が可能で、他の株主、すなわち、自らの権利が十分に保護されていないという不満からであった。また上野は、『東京朝日新聞』の創刊から間もない明治二一年九月、英国に滞在中の朝日新聞社幹部、織田純一郎に長文の書簡を送り、『東京朝日新聞』の内容が『大阪朝日新聞』の目指しているものと異なっていることへの不満と不安を書き綴っている。さらに、上野は長谷川らの幹部に、「村山さんは新聞の権威だけを考えて、経済のことは考えない」と、たびたび愚痴をこぼしたこともある。

龍平と上野は表だった争いをしないので、社内には派閥争いはほとんどなかったが、幹部には常に親村山グループと親上野グループが存在して、激しい争いを展開していた。それが手の付けられない状態にまで至ると、龍平は幹部全員を集めて、朝から争いの対象になっている問題について徹底的に討論させた。夕方になると討論を終了させ、数日後に裁決を下すことを宣言する。そして、裁決の結果はほとんど村山グループの勝ちであった。しかし、村山グループが実施段階で失敗すると、あっさり上野グループに交代させた。そうした過程で、上野は妥協案をつくって、陰で龍平と上野グループにアドバイスすることもあったが、表面的には、ほとんど発言せずに討論を見守っていた。

村山龍平と上野理一の朝日新聞社の共同経営は、明治一四年の出会いから大正八年末の上野の急逝まで三八年間の長きにわたった。しかも、明治四一年の合資会社への組織替え以降は、一年ごとに社長を交代するという他に例を見ない運営方法を採用した。そのようなことができたのは、二人が互いの長所と短所を理解しており、相手の長所は尊重し、自分の短所には執着しないという知性を備えていたからであろう。企業のリーダーが一人の場合、独断専行に陥る惧れがあるが、リーダーが二人いると、一方の独断専行を他が抑え、バランスある経営に戻すことが可能になる。朝日新聞社の共同経営はその成功例の典型ではないだろうか。成功のためには共同経営者の知性が重要となる。

最後に、長谷川如是閑が『上野理一伝』に収録するために書いた「造化精妙」の全文を紹介する。

江戸時代の戯作者は「しあわせよし」という言葉に「造化精妙」という漢語を当てたが、それには「偶然のまわり合わせ」という意味もあって、その「偶然」を「造化」の仕業と見て、その最もよろしきを得た場合が即ち「造化精妙」であった。男女両性の配合も「造化」の仕業の一つで、その配合のもっともよろしきを得たものが確かに「しあわせよし」である。ところが、男女の結合でもなかなかその「造化精妙」の域に達するのは難しい。殊に普通の協同体には、それが必要とする個人個人の性格や性能の特殊性が却ってその結合体の求心力を弱め、遠心力を強めて分離となったり、独裁に行ったりする。ところが、そのめったに見られない理想的の「造化精妙」を私は目のあたりに見た。それは、私が直接その下で十年足らず働いた朝日新聞社の村山、上野両社長だった。

それはまるで「造化精妙」の標本みたいのものであった。

およそ組織体のうちで、新聞社ほどその成員各自の個性の強いものは少ない。そのため文字通り「両雄並び立たず」というのが新聞社の常態であるが、『朝日』の場合はその両雄が、互いに一年交代で社長になるという制度を長く続けて、それが発展の動因になっていたのだから、新聞社としては、日本ばかりでなく、世界的にも珍しい例である。

イギリスに、市民の信条となっている二つの言葉がある。その一つは「リバティー」(自由)で、他の一つは「コンプロマイズ」(協調)である。そして前者は「プログレッシヴ」(進歩的)という言葉と結びつき、後者は「コンサヴァティヴ」(保守的)という言葉と結びついていて、いわば、はねのける力と抑えつける力とが仲よく手を握っているのである。それがイギリスの政治の——むしろイギリス文明そのものの——発展に堅実性を与えているというのである。そこでは、コンプロマイズはリバティーを抑える力ではなく、それに協同性を与える力である。リバティーのない文明の歴史は、東洋的の停頓に陥り、コンプロマイズを知らない文明の歴史は、ラテン的の混乱に走る。発展的のイギリス文明にある堅実さは、リバティーとコンプロマイズとの合理的な結びつきの賜ものだというのである。

これはイギリス文明の話だが、そこにあるような二つの相反する性格の合理的の諧調を、一つの組織が持つことのできたのが、わが朝日新聞社である。村山、上野の両社長とも、めいめい自分にリバティーとコンプロマイズという、裏表の性格を備えていたのだが、村山翁は多少とも前者の方に、上野翁は多少とも後者の方に寄っていた。そこが両翁の結合を「造化精妙」の域に達せしめたのである。そうして、それは朝日新聞社のために文字通り「しあわせよし」であった。

村山翁はいささか陽性であり、上野翁はいささか陰性だったので、村山翁のリバティーの面は社員たちにもはっきり認められていたが、上野翁にもあったリバティーの面は、そうはっきりと社員の目にはふれなかったらしい。ただ、私自身には時々極めて些細な例で上野翁にもそれがあることが認められた。大阪朝日の新館ができる前は、昔の蔵屋敷の間仕切りを取り払った広間が編集室で、その片隅に郵便局の窓口のようなものがあって、その内側に整理のデスクがあり、その窓から原稿を文字場（印刷部）に渡すのだった。両社長は出社すると、その窓口の外を通って「マニラ館」（総務局、即ち社長室、そこだけが明治初期の青ペンキの洋館で、そんなあだ名をつけられていた）へ行くのだが、ある日、上野翁は通りがかりに窓口をのぞいて、そこにいた私に、「今日の社説はハイカラで、ようおましたな」といって、ニコニコ顔を見せて通られた。私の傍にいた記者たちは、それを聞いてめんくらった、と私にいった。彼らは上野翁が、その日の社説を読んでいたこと、そうしてその筆者が誰であるかを、たずねもせずに知っていたことと、それを「ハイカラで、ようおました」といったのにめんくらったのであった。私の書いたその社説は、ブレリオの英仏海峡横断を取り上げたものだったが、上野翁がそういうものに興味を持とうとは思いがけなかったというのである。これは社員たちが上野翁の見かけにある古さだけを見ていて、翁の中にある新しさを見ていなかったせいだった。しかし、総務局での雑談で、時々、チラッと見せる上野翁のその面に気付いていた私は、その翁の通りがかりの言葉を意外とは感じなかった。村山、上野両翁のコンビは、古いものと新しいものとの結びつきではなく、また、新聞的良識の点で食い違いのあるものの結びつきでもなく、両翁とも、新聞事業家として持つべきものはともに持っていて、ただ、その重点の置きどころに各自特徴があったのである。そして、それがその結合をいっそう合理的にしたわけである。両社長の間に、時々意見の合わないことがあったのは、村山翁の口からも上野翁の口からも聞いていたが、その不一致は対立もしくは暗闘に行かずに、一個の人間の心理過程における葛藤が、思慮分別で内的に処理されるように、両翁の間でまとめられて、間違いの少ない実践となって現れていたのである。

両社長がそのように、二人の形をした一人となるのに大切な役割を務めたものは、むしろ上野翁の方だったらしい。「リバティー」と「コンプロマイズ」とが手を取り合って進む場合、むずかしいのは前者の方よりは、むしろ後者の方だ。とはイギリス人も言っていることだが、それは両社長の場合にも当てはまる。上野翁のコンプロマイズは、村山翁のリバティーの安全弁のような役割をしていたので、それが『朝日』の発展となって現れる時に、それに堅実性を持たせたのである。しかも、上野翁のコンプロマイズが、村山翁のリバティに対して、どんな風に働いていたのか、私たちにははっきり知らされていなかった。『朝日』が運動競技や野球に乗り出した時に、私たちは社の一部にあった反対よりは、上野翁のブレーキを心配したものだったが、村山翁はその時の社長で、そのことを幹部会議にも諮らず、私からの申し出を即座に承知して実行に進んだのだった。その間、相談といえば、両社長と事務の小西翁と会計の辰井翁と私とだけだったが、その席にいつも居られた上野翁は、その際ブレーキらしい発言をされたようには覚えない。

上野、村山両翁の結び付きは、時々意見の相違を見ながら、円満そのものだったが、かえって編集局には、村山派、上野派などと呼ばれている派があって、鳥居素川《とりいそせん》は村山派の、西村天囚は上野派の頭といわれていた。(社内の人事を決める)総務局でも編集局長をいずれとも決めかねて、編集幹部の投票によることになった時に、鳥居は少数で敗れた。ところが村山社長はそれを決定的と見ないで、さらに幹部会議を開いたが、朝の一〇時頃から夕方まで、両派が激しい論争を続けて、何の結論も出なかった。村山社長は自分が裁決することにして、一週間後にそれを発表するといったが、その結果、編集局長をはじめ編集の各部長を鳥居派に変えたのだった。村山翁のこの裁決には、上野翁も参加したに違いないが、実は村山翁の腹は初めから決まっていたのだ、と人はいった。この時も西村派には上野翁の態度は意外だったらしいが、私自身には当然と思われた。というのは、その幹部会議であまり論争が激しくなった時に、上野翁はかなり長い発言をしたが、しかし、西村派をかばって鳥居派を抑えるようなことは一言もいわず、まったく仲裁の立場でものをいっていたのだった。その間に、「権兵衛コンニャク」という言葉を二、三度繰り返したが、それは大阪の方言で、その意味を大阪の若い者に聞いても知らないくらい古い言葉だった。誰かが、上野社長は真剣になると維新前の大阪言葉が出るといったが、確かにかなり事態を案じての発言だったらしい。そういう機会に初めて私たちに理解される上野翁のコンプロマイズ精神は、総務局ではたえず重要な機能を働いていたらしい。そうしてそれが、村山翁のリバティーの、また『朝日』の発展性の障壁とならずに、それに堅実さを与えたのは、上野翁自身が単なるブレーキではなく、リバティーとプログレッシヴの面をも、翁一流の持ち方で持っていたからである。

余談だが、右にいったような両社長の協同の態度と精神とは、朝日新聞社の伝統となって生かされていたことは、すでに早い頃からのことで、それが事務の方面に受け継がれたのが、庶務の小西《こにし》勝一《かついち》と会計の辰井《たつい》梅吉《うめきち》のコンビだったのである。小西は村山翁の、辰井は上野翁の役割を事務、会計の面で勤めたので、その二人の結合は総務局のそれがそのまま下部組織に持たれたのであった。これも普通の協同体には容易に見られない、正しく、また美しい結合であった。いずれにしても、朝日新聞社の発展にはそのような、機械的の整調というよりは、むしろ音楽的の諧和ともいうべき人的要素の重要であったことは見逃されない。

（『上野理一伝』有竹翁懐古、三八〜四三頁）

また、長谷川如是閑は昭和三七年一一月、『日本経済新聞』に「私の履歴書」を連載しているが、この中で、大阪朝日新聞社入社当時の村山と上野の関係に触れているので、その部分を採録する。

その頃の「大阪朝日」は「大阪毎日」と並んで、日本の新聞界の優位にあった新聞で、漢学者の西村天囚と鳥居素川との対立が社内で派閥的に続けられていて、私は鳥居派の一人として入社したのだが、入って見て感じたことは、「大阪朝日」は、その頃の東京の新聞界には稀であった二頭政治で、しかもそれが頗《すこぶ》る円滑に事業の発展に寄与して、新聞界にも実業界にも稀に見る、二頭政治の成功であることを知ったのだった。

当時の村山龍平、上野理一の両社長は、その頃まだ株式組織にならないころの、個人的の組織だった新聞社の両頭首であったが、村山社長は、主として新聞そのものの編集その他の方面の支配者で、それに対して上野社長は、新聞そのものにはほとんどくちばしを入れないで、主として事務と財政の面に専心して、それが生粋の大阪人のその方面における才能を、充分に働かせることができたのだった。つまり両頭政治とはいいながら、各々得意の方面に責任をもって、両頭首が互いに牽制し合うようなことはまったくなかったが、それが両頭政治の成功のもとだったに違いない。

毎週のように社長室に編集、事務の幹部が、その頃は五、六人の少数だったが、集まって、編集や事務に関する相談をしていたが、その席でも、編集に関する方面には上野社長はほとんどくちばしを入れないが、事務に関する話では村山社長もほとんど口出しをしなかった。いわゆる両頭政治が、両社長の場合のように、分業で円滑に行われるというような例は、新聞界にも、実業界にもほとんど見られない現象だったので大阪の有力な実業家の間でも「朝日」の両頭政治の話が出て、そのように円滑に続けられていることが話題となって、私自身もそういう人たちからしばしば「朝日」の両頭首の成功について聞かされたのだった。そういう各自の分業に立った経営が、同社の発展の要因であったことを感じているのである。

本山彦一の新聞商品論

大阪の新聞界を制し、着々と全国紙の道を辿る『大阪朝日新聞』を追う大阪の新聞は、大小数十に及んだが、その中で、明治末から大正初期にかけて迫る勢いを示したのは『大阪毎日新聞』である。同紙は大正初期に『大阪朝日新聞』をじりじりと追いつめ、『朝日』が白虹事件で大打撃を受けたのを機に逆転、その後、またシーソーゲームを展開して、大正一三年（一九二四）年元旦の発行部数は、揃って一〇〇万部を超えたようである。

『大阪毎日新聞』は明治二二年（一八八九）一一月二〇日、大阪の商工業発展を目指して報道と主張をする新聞として創刊された。企画したのは兼松房治郎《かねまつふさじろう》、難波二郎三郎らであるが、実際の推進者で出資者であるのは藤田伝三郎、松本重太郎《まつもとじゅうたろう》、寺村富栄、玉手弘通《たまてひろみち》ら、大阪財界の有志である。当初は東海散士《とうかいさんし》（柴四朗《しばしろう》）を主筆に招いたが、目標に反して政事新聞臭が強くなったせいか、世間の評判も良くなく、大改革を行うことになった。そこで招かれたのが藤田組支配人で、伝三郎の右腕といわれた本山彦一であった。

本山は熊本藩士の家に生まれ、藩校時習館《じしゅうかん》などで学んだ後に上京、福沢諭吉の知遇を得た。『時事新報』で総編集、会計課長などを務めたこともある。兵庫県勧業課長などを歴任した後、藤田組に入り山陽電鉄の創設などに携わった。

本山が大阪毎日新聞の相談役に就任し、改革に乗り出したのは明治二二年四月である。ただちに株式会社に改組。時事新報から渡辺治、高木喜一郎を招いて、それぞれ、社長と取締役営業部長に充てた。経営の中枢はもちろん、相談役兼監査役に就任した本山である。

彼の目指した新聞は龍平の目指したものと非常に近い。庶民を対象とした、報道中心の新聞である。しかし、本山の行動は龍平とはいささか異なる。『大阪朝日新聞』をはじめとする他紙や、一部の学者からの批判を承知で、「新聞商品論」を公然と唱えたのである。まず、本山は大正一〇年六月の大阪毎日新聞特派員会議で新聞商品主義について、次のように説明している。

売るために新聞を編集するといえば、これは純然たる商品である。人に売るために物をこしらえる。これは商品としての新聞の製造法である。ところが、私はそうは思わぬ。私は新聞のために編集する。新聞の天職を全うする目的をもって編集する。そうしてこれを広めるには、商品を売ると同様に、広めなければならぬ。

編集は商売ではないが、編集したものを売るのは全く商売である。また商売の考えでなければならぬ。新聞が売れなかったならば、その新聞には信用もないし、権威もないことになる。なお、品物がよかったからとて、必ずひとりでに売れ行きがいいものでもない。売り方がよくなければひろがらぬから、この売り方には非常に重きを置かなくてはならぬ。

また、大正一一年に刊行された小野秀雄著『日本新聞発達史』に序文として一文を寄せ、その中で、「新聞紙は事実報道の機関にして、決して指導機関、すなわち、いわゆる、社会の木鐸にあらずと信ず」「新聞紙も一種の商品なり」と公言した。

このような本山の発言には多くの新聞人が反発した。とりわけ、大阪朝日新聞編集局長の高原《たかはら》操《みさお》は社内の通信会議の席上、本山の発言を引用した上で、「新聞紙は、事実の報道機関たると同時に、一面、民衆に対する社会教育者たるの責務を併せ有することを堅く信じている。故にまた、新聞紙は単純なる商品視すべきものではないとされている」と持論を展開し、「謬れる俗物論者にたぶらかされないよう、深くご注意を願いたい」と訓示したといわれる。

しかし、よく考えてみると、本山の「新聞商品論」には多くの真理が含まれている。新聞が「社会の指導啓発」と「営利」という二つの役割を担っていることは確かである。このことを、龍平を含む多くの新聞経営者が認識しながら発言しなかったのに対して、本山があえて明言したのはなぜであろうか。第一に、大阪毎日新聞は財界人有志の出資を得て創立した新聞社であるから、本山は常に株主への配当を強く意識していた。第二に、本山は過去の新聞社と企業における体験から、新聞の持つ「社会の指導啓発と営利」という二重性を否定できなかった。それだけではない。この二重性が本山自身の中で体質化していたので、積極的に発言せざるを得なかったのである。

本山の新聞商品論は、新聞にとってより重要な独立性の問題にも繋がっている。彼は、「新聞も一種の商品なり。世あるいはその商品主義を賤しみ、資本主義を嫌う者あるも、はたしてかくの如くあれば、何によってか新聞社の設備を完備し、その独立を維持できるだろうか。独立こそ権威の礎ではないか」といい、さらに、「商品主義によって新聞の独立を維持するのでなければ、いわゆる御用新聞になるか、一、二の実業家の機関もしくは広告大得意主に左右されることになってしまう。このようなことは認めるわけにはいかない」と述べている。

このように、新聞商品論が新聞の独立性との関係で論じられることになると、販売優先主義とはいえない。財政健全主義に基づいた新聞経営論として、高く評価すべきではないだろうか。龍平が新聞商品論を批判しなかったのは、その点を理解していたからであると考えられる。

龍平の横顔2　号外を号外で訂正

大正四年（一九一五）一月のある朝、『大阪朝日新聞』整理課長の原田棟一郎《はらだとういちろう》は自宅で神田《かんだ》正雄《まさお》・北京特派員からの電報を受け取った。そこには当時、北京で進んでいた日華両政府間の二一カ条協定の全文が記されていた。「大スクープだ！　世界的大スクープだ！」と心の中で叫んだ原田は急いで出社すると、号外発行の準備を命じた。号外は午前の大阪駅頭やビジネス街で大々的に配られ、大きな反響を呼んだ。

原田が特ダネ勝利の快感に浸っている時、出社してきた龍平が編集局の脇を通って二階の役員室に消えた。しばら経つと、給仕が下りてきて、役員室に来るようにと伝えた。原田は「久しぶりにお褒めの言葉をいただける」と信じて、階段を駆け上がった。

ところが、いつものように温顔で迎えられると思いの外、この日に限って、龍平はご機嫌ナナメで、原田が畏まるが早いか、椅子から立ち上がって、「誰があんな号外を出せといった！困るじゃないか。今、あの内容が公表されると、せっかくできかかっている交渉も成立しなくなってしまうかもしれない。君は国家というものを考えないのか」と、出し抜けに怒鳴りつけた。原田は「日華交渉の内容の一部は中国や外国の新聞でも報じられていますし、神田君の報告はまとまっている上、正確と思いましたので」と懸命に弁解したが、龍平は「だからいけないんだ。だから困るんだ。今すぐ、取消の号外を出しなさい」と、頭ごなしの厳命である。原田はやむを得ず、もう一度、号外を発行して、前の号外の内容を全文取り消し、訂正した。

号外を号外で取り消すということは世界の新

鳥居素川
（朝日新聞社蔵）

原田棟一郎
（朝日新聞社蔵）

聞界でも珍事である。それにしても、正しいと思われる神田の特ダネ記事を、龍平はなぜ強引に取り消させたのだろうか。後に原田が鳥居素川から聞いたところによると、龍平はしばらく前、加藤高明外相から頼まれて、鳥居とともに会った。その席で、加藤外相は「日華交渉は絶対にまとめなくてはならない。しかし、内容が新聞に漏れてしまうと、中国側が交渉を止めてしまう可能性がある。だから、政府が公表するまで、協定の内容を絶対に書かないでほしい」と懇請し、龍平は承諾したという。龍平は鳥居と別れ際に、「今日の約束は重要だから、必ず原田君に伝えておいてください」といった。ところが、鳥居はそれを原田に伝えるのを忘れてしまったのである。

前代未聞の二番目の号外が発行し終わると、龍平は二階から降りてきて、いつものようにからからと笑いながら、編集局員と談笑していたという。

第三章　池辺三山時代の『朝日』

1　先進的な紙面改革

生活の変化に合わせた紙面改革

先進国の新聞の歴史をひもといてみると、戦争の度に主要紙の部数が大きく伸びている例が多い。明治時代の日本の場合も同じである。『朝日新聞』も日清戦争（明治二七年七月〜二八年三月）で大幅に伸びた。それだけではない。日清戦争の前後から日露戦争（明治三七年二月〜三八年九月）にかけて産業革命が進んでいたから、国民の生活が大きく変化した。これを見て取った龍平はいくつもの紙面改革を断行した。

まず、特ダネ・ニュースを増やすために、内外各地への特派員を増員した。第二に、経済記事を重視し、紙面を増やした。たとえば、本多雪堂《ほんだせつどう》を入社させ、明治三二年七月、「日本経済策一斑」と題した続き物を書かせた。第三に、読者の生活の複雑化と多忙化に対応する狙いで、解説記事と短い評論コラムを増やした。「天声人語」の登場は明治三七年一月である。第四に、科学記事の掲載を開始した。たとえば、大阪府博物館長や測候所長を務めたことがある天野皎《あまのあきら》を入社させて、濃尾地震、十津川大水害などの原因を解明させたり、映画やレントゲン写真のメカニズムを解説させたりした。いずれの試みも好評であった。

小さいが、重要な改革はまだある。一つは文芸作品の取得方法である。これまでは名のある作家の出来上がった作品を買い上げて掲載していた。しかし、今後は優秀な作家を社員として雇う方法を主とすることに変えたのである。この方法はいい作品を定期的に確保できるが、費用が掛かるので、他社はすぐに追随できなかった。もう一つは、「朝日新聞記者は演劇や相撲の業界からの供応を絶対に受けてはならぬ」という厳命を発したのである。当時、関西地方では、歌舞伎、文楽をはじめとする演劇業界が新聞記者を供応して、好意的な記事を書いてもらうのが常識となっていたので、演劇界だけでなく、新聞記者の間にもショックが走った。しかし龍平は、「批評は自由でなくては意味がない」と断言して、揺るがなかった。

龍平は印刷面での改革も忘れなかった。マリノニ高速輪転機の追加発注を考えたが、時間がかかり過ぎることが分かったため、津田寅次郎にマリノニ機を改良した「朝日式輪転機」を開発することを命じ、成功した。

『朝日』の権威高めた池辺三山の論説

池辺吉太郎《いけべきちたろう》（三山《さんざん》）が『大阪朝日新聞』の主筆に就任したのは、明治二九年一二月であった。当時の『大阪朝日新聞』は発行部数こそ大阪一を誇っていたが、内容的には、振り仮名付き絵入新聞の面影を残しており、論説の掲載回数は週二、三回がせいぜいであった。大阪と東京の『朝日新聞』で編集幹部を務めた西村天囚が上野理一に宛てた書簡で、「社説を書く人が少なくて困る。せめて隔日には紙面に社説を載せたいと思い、自分も頑張っているが、多忙のため思うようにいかない」と訴えているほどである。したがって、三山は自身、多くの論説を書き、また論説陣を充実させるために招かれたといっていい。

三山は熊本の生まれで、父・吉十郎は西南の役で西郷隆盛の下に走った末、刑死した肥後藩士として有名な人物であった。三山は若い頃から漢籍の素養があり、政治や経済にも明るかった。その後、柴四朗主宰の『経世評論』や陸羯南主宰の新聞『日本』に論説や評論を書いた。フランスに三年半、滞在したので、西洋的教養も身に付けている。『大阪朝日新聞』に招かれたのは、高橋健三が朝日を去るにあたって、かつて支援していた新聞『日本』に論説などを書いていたことのある三山を龍平に強く推薦したからである。高橋は龍平がその人格を深く尊敬していた人物であるから、龍平が、高橋の称賛する三山を高く買うのは当然であった。

池辺三山
（朝日新聞社蔵）

三山は着任したその日から三二歳の若いエネルギーを爆発させ、龍平の期待に応えた。三山は一年後、『東京朝日新聞』の主筆を兼務することになるが、その働きぶりは驚異的でさえあった。明治三〇年一二月三〇日から翌年一月四日にかけて「明治三〇年の外事及外交」と題する回顧ものを五回にわたって連載するとともに、同三一年元旦には「新内閣の組織者」と題する伊藤博文内閣論を社説欄に執筆した。その後も精力的に書き続けたので、『東京朝日新聞』に載った論説は一月二〇回、二月二六回、三月二一回と急増した。このうち三山が執筆したものは、一月が二〇回中一七回、二月が二六回中一四回、三月が二一回中一七回に達した。このような三山の奮闘によって、東西の『朝日新聞』は硬派記事でも声価を高め、他の政論新聞に引けを取らないものになった。

三山の論説は主として四つの要素から成り立っていた。第一は、「ナショナリズムの高揚」である。藩閥政府の政策の基調は欧化主義であり、それが軟弱な条約改正政策につながっている一面があった。これをナショナリストの陸羯南や三宅雪嶺、高橋健三らが厳しく批判しており、その影響を三山は受けていた。三山は『朝日新聞』紙上でも西洋かぶれ的な欧化主義を一貫して批判している。第二は、「帝国主義列強のアジアに対する攻撃に、いかに対処するか」という問題である。三山は日清戦争後の三国干渉と、その後の列強の清国侵略に強い関心を持っており、それを批判し続けた。とりわけ、当時、最大の外交課題になっていた対ロシア政策については強硬策を主張し、桂太郎内閣が推進していた日英同盟政策を支持した。第三は、政党政治実現への待望論である。ヨーロッパで議会政治を目の当たりにした三山は藩閥政治の継続を激しく攻撃し、政党政治への早期転換を迫った。第四は、社会主義論と公害論であるが、これは産業革命の影の部分を扱った論説である。影の部分を改善するよう主張したことはいうまでもないが、明治四三年に起きた幸徳秋水の大逆事件についての見解は明確にしなかった。

三山の論説を龍平がどう評価していたかは資料が少なく、はっきりしない。しかし、龍平が三山を上回る対ロシア強硬論者であり、政党政治支持者であることを考慮すると、三山の論説を肯定的に受け取っていたことは間違いあるまい。とりわけポーツマス条約に関しては、『東京朝日新聞』では三山が中心となり、『大阪朝日新聞』では龍平と三山の後継者である鳥居素川がリードして、強硬な反対論を競い、共に長期かつ複数回の発売禁止処分を受けた。

社会面の大改革

三山が入社した頃の社会面は、「探訪」と呼ばれた外勤記者が集めた素材を文章の巧みな内勤記者が戯作者風に仕立て上げた記事で埋まっていた。題材の分野も花柳界や芝居に関するものが圧倒的に多かった。

三山はこのやり方を根本的に改め、社会部記者全員が自ら取材し、自ら書くシステムにした。題材も、社会全体の人々の生活をカバーするものに変えようとした。この結果、従来型の記者の中には辞めざるを得なくなる右《みぎ》田《た》寅彦《のぶひこ》のような人気記者も出たが、三山は抵抗を排して改革を貫いた。記事の文体は、それまでは美文調の文語体であったものを口語体に変えた。読者の多くは、この新社会面を歓迎した。

入社試験の実施

また、三山は新聞業界で初めて論文試験を含む入社試験のシステムを作り、青年記者を採用した。第一回は明治四二年から四三年にかけてで、中野《なかの》正剛《せいごう》、鈴木文治、名倉《なぐら》聞一《もんいち》らが入社した。少し遅れて入ったのが、後にそれぞれ主筆、副主筆を務めた緒方《おがた》竹虎《たけとら》と大西《おおにし》斎《いつき》である。

試験問題は、初期は三山自身が課したというだけに、かなり難題であった。たとえば、社会部志望の鈴木や名倉への出題は、「東京に於ける社会改良事業の現況」と題する論文を二〇回くらいの続き物にまとめよ、というもので、採点は論文に対する評価に加えて、受験生の気質、言語応対、学識、健康、精力など一六項目をチェックして、合否を決定したという。

この新採用システムは基本的にその後も受け継がれ、今日でも朝日新聞社の基本的な新人記者採用システムとなっている。

2　紙面を彩る文芸作品

夏目漱石の入社、連載小説の大ヒット

朝日新聞社内で夏目漱石の招聘話が具体化したのは明治四〇年の年明けのことであった。政治部長であった弓削田秋江《ゆげたしゅうこう》、社会部長であった渋川玄耳《しぶかわげんじ》と、旧制五高時代、漱石が主宰する俳句会に属していた坂元雪鳥《さかもとらいちょう》の間で話がまとまり、三山の元に持ち込まれた。三山は大賛成で、二月二〇日、大阪の上野理一と村山龍平に書簡で問い合わせると、以前から大阪朝日の鳥居素川に勧められていた二人も大賛成で、社内の意見はまとまった。

同二四日、坂元が本郷・西片町の漱石宅を訪問し、具体的な話を始めると、漱石も乗り気であった。その後、報酬など、入社条件についての書面でのやり取りを経て、三月一五日、雪の日の三山の漱石宅訪問によって、事実上、入社が決定した。

漱石は三山にたいへん好印象を持ったようで、周囲の人々に「西郷隆盛のような人だった」と語ったという。漱石が三山に信頼を寄せたのは二人の間に共通点があったからである。第一に、ナショナリストであったこと。三山が陸羯南の影響を受けたことは前に述べたが、漱石も新聞『日本』に寄稿していた正岡子規を通じて陸羯南と思想的につながっていたようである。第二に、漱石も三山も西洋的教養を備えていた。漱石は三山に、彼がパリ滞在中に「鉄崑崙」のペンネームで新聞『日本』に寄稿していた「巴里《パリ》通信」を興味深く読んでいたことを明かしている。第三に、両人とも漢籍を愛し、書画をよくした。

漱石がスピード入社を承諾した理由の一つは、東京帝大と一高の講師として年収一四〇〇円を得ていた漱石に対して、三山が三〇〇〇円以上（賞与込み）の高給を申し出たからである。三山が龍平と上野理一に「漱石は三〇〇〇円でも高くない」と説得を試みたところ、二人はあっさりと受け入れたという。後で分かったことだが、読売新聞が朝日新聞より三カ月前に漱石の元に招聘話を持ち込んで断られている。この時、読売新聞が提示した条件が年収八〇〇〇円であったという。なぜ、そんなに低額であったか分からないが、たぶん読売新聞が入手した当時の学者の収入についての情報が間違っていたのではないかとみられている。

夏目漱石
（朝日新聞社蔵）

明治四〇年四月二日に入社した漱石が六月二三日から連載を始めた「虞美人草《ぐびじんそう》」は大ヒットとなり、新聞の購読者数が急増しただけでなく、浴衣、指輪、絵葉書などの「虞美人草グッズ」が全国的に売れるブームが出現した。漱石は、その後、「坑夫」「三四郎」「それから」「門」「彼岸過迄《ひがんすぎまで》」「行人《こうじん》」「心」「道草」「明暗」という九つの長編を連載したほか、「硝子戸の中」「夢十夜」などの小品も数多く掲載した。いずれも好評で、この時期、漱石作品は『朝日新聞』の一つの看板となった。

二葉亭四迷の二名作を生み出させる

ここで、当時、『朝日新聞』の紙価を高めた小説は漱石のものだけではないことを記しておく必要があるだろう。作家数人のうち特筆すべきなのは、「寡作の文豪」といわれた二葉亭四迷《ふたばていしめい》である。四迷は明治三七年、大阪朝日新聞に入社（東京勤務）したが、それ以前に『浮雲《うきぐも》』を書いており、文壇から注目されている作家であった。しかし、四迷は一風変わった人物で、小説を書き続けることを好まず、『朝日新聞』にも作家としてではなく、ロシア語とロシア問題専門家・長谷川辰之助《はせがわたつのすけ》として入社していた。

三山は、たまたま四迷と付き合うようになって、彼の作家としての才能を再認識し、再び小説を書くことを強く勧めた。その結果、生まれたのが「其面影」と「平凡」という二つの傑作である。この二作が『朝日新聞』の紙価を高めるのに役立ったことはいうまでもない。また、三山は四迷が熱望していたロシア特派員に強く推し、実現させた。

三山の退社、一つの時代の終わり

三山は明治四四年九月、退社を決意した。『東京朝日新聞』編集局内で主筆である三山に対する反発が強まり、収拾がつかなくなったからである。当時、三山は名実ともに日本のトップジャーナリストであり、「朝日の池辺か、池辺の朝日か」ともいわれる存在であった。このような絶対的な存在に対して抵抗ののろしが上がり、燃え広がったのである。
発火点は、それほど大きな問題ではなかった。漱石門下の森田草平《もりたそうへい》の小説「自叙伝」が以前に連載した「煤烟《ばいえん》」の蒸し返しに過ぎないと主張した弓削田秋江と、森田を擁護する三山が対立した。この背景には、三山の提唱で実現した漱石主宰の「文芸欄」で、森田ら漱石の弟子たちが勝手なことをやり過ぎるという不満が編集局内に満ちていたことがある。こうした不満は次第に主筆横暴論に拡大し、反三山グループの結成につながった。

それにしても、三山追い落としの火種になった漱石主導の「文芸欄」とはどんなものであったのだろうか。漱石の「文芸欄」創設の希望は非常に強く、その願いを三山が認めることによって、明治四二年一一月に実現した。紙面は第三面下方の三段で、この時から小説の決定権も、基本的には、漱石が握ったようである。漱石の最大の目的は若く優秀な作家の育成であり、『朝日新聞』という檜舞台にデビューさせることであった。小説については、まず、永井荷風《ながいかふう》に長編小説「冷笑」を書かせた。次いで長塚節《ながつかたかし》の「土」、森田草平の「自叙伝」、徳田秋声《とくだしゅうせい》の「黴」、正宗白鳥《まさむねはくちょう》の「生霊」、中村古峡《なかむらこきょう》の「殻」、中勘助《なかかんすけ》の「銀の匙」、与謝野晶子の「明るみへ」、長田幹彦《ながたみきひこ》の「霧」を次々に登場させた。みな後世に残る作品であった。

その後は、新人による短編の連載を考え、武者小路実篤《むしゃのこうじさねあつ》の「死」を筆頭に、小川未明《おがわみめい》の「石炭の火」、後藤末雄《ごとうすえお》の「柳」、野上弥生子《のがみやえこ》の「或夜の話」、青木健作《あおきけんさく》の「梅雨の後」、久保田万太郎《くぼたまんたろう》の「路」、田村俊子《たむらとしこ》の「山茶花」、里見弴《さとみとん》の「母と子」、谷崎潤一郎《たにざきじゅんいちろう》の「金色の死」、小宮豊隆《こみやとよたか》の「礼吉の手紙」

というラインナップが四カ月半の紙面を飾った。彼らはすでに一本立ちした作家であるが、朝日の檜舞台に登場することで、作家としての地位を確立した。

「文芸欄」には小説以外にも、優れた文芸批評などが掲載された。

こう見てくれば分かるように、「文芸欄」は編集局の大部分から批判されるような質の悪いものではない。漱石が力を注いだだけのことがあるといえる優れた内容で、この時期の『朝日新聞』の人気記事の一つであったことは間違いない。にもかかわらず、編集局内の大紛争の火種となり、三山を辞表提出に追い込んだのは、反三山グループが三山追い落としのためなら手段を選ばない戦術をとったためであろう。また、この頃、三山は心臓病を病んでおり、自制心が低下していたようである。

経営と編集の分離

『東京朝日新聞』編集局内の内紛と三山の辞意表明に驚いた龍平は急遽、大阪から上京し、問題を穏便に解決しようとした。ところが、三山が先回りして龍平の泊まっている旅館を訪ね、辞任問題にはいっさい触れずに、愛蔵の刀を龍平に献じたので、龍平は三山の辞意の固さを悟り、慰留を諦めたという。だが、この話には多少の疑問がある。前年起きた白瀬矗《しらせのぶ》中尉の南極探検計画問題をめぐって、村山・上野の社長側と三山の信頼関係にひびが入っていたからである。

朝日新聞社は同計画を独占報道する権利を得るのに成功したが、その後、同計画にさまざまな齟齬が生じ、朝日新聞社は手を引くことになった。その交渉を三山が同計画の後援会長であった大隈重信と行ったが、その際、撤退条件をめぐって三山が独走したきらいがあり、社長二人との信頼関係にひびが入ったといわれる。また、三山が編集以外の販売、広告部門の社内改革に手を出したり、対外交渉の際、「朝日新聞の全権」のようにふるまった例があったことに、社長側が不快感を抱いたこともあったようである。

当時の朝日新聞社は業界で組織的に最も進んでおり、すでに経営と編集の分離がほぼ完了していた。明治三七年二月の日露戦争開戦時、対ロシア強硬論者であった龍平は毎日、朝から大阪朝日新聞社に出掛け、久松定憲《さだのり》・編集長の隣に陣取って、原稿の扱いや見出しの付け方にしばしば意見を述べた。これに対して編集部員から「仕事の邪魔になる」という批判が強まり、龍平は沈黙を守らざるを得なくなった。このエピソードは、社長といえども編集業務に干渉してはいけないというルールが朝日新聞社内に確立していたことを示している。

一方、編集幹部は、三山のように主筆を一〇年以上務めた者であっても、経営問題への発言権はほとんどなかった。朝日新聞社における主筆は、いわば編集専門職のトップであって、新聞『日本』における陸羯南や『国民新聞』の徳富蘇峰《とくとみそほう》のような経営者兼主筆とは異なった機能を担っていた。また、社会の複雑化に伴って、編集局内の機能分化が急速に進んだ。これは三山退任直後に編集局のシステム替えがあり、編集、政治、経済、社会の四部長による合議制に変更したことによって明らかである。この点について、三山は誤解をしていたのではないだろうか。

三山退任をめぐる事情に詳しい徳富蘇峰と松山哲堂（当時の東京朝日新聞経済部長）は後日、龍平と三山の関係について、次のように証言している。

徳富蘇峰「池辺君が朝日を退社したことを聞いた時、我輩は早速、池辺君の宅へ行って彼を慰撫した。ただ慰めてやっただけだが、彼もさすが男だ、愚痴らしいことはいっさい言わなかった。我輩が当時、他から聞いたところによると、朝日の社内にアンチ池辺党が起こって、体よく池辺を追い出したということであった。村山という人は度量の大きい男で、経営者として人を使うというような点では、そりゃ大したものだった。池辺君の退社の時に村山と喧嘩したとは思えないが、村山という人は池辺を使えるだけ使って、もうその必要がなくなったのではないか。つまり、池辺を使う潮時が過ぎてしまった結果ではないかと思う」

松山哲堂「池辺君は社務百般にわたって改革を断行したし、少なくとも一つの主張を持っていて、朝日新聞の発展に多大の貢献があったことは、誰しも認めるところであろう。朝日新聞が今日の如き権威を持つに至ったのは、高橋健三、池辺三山の両君の力だと私は考えている。もし、この両君がなかったら、朝日新聞の行き方はよほど変わったものになったと思う。当時は、総務局、つまり経営者が権力を握っていたが、これに対しても池辺君は改革論を主張する。そして、その意見が容れられて、具体化するにしたがって摩擦が起こり、結局、これが祟《たた》って退社の余儀なきに至った。しかし、「池辺の朝日か、朝日の池辺か」といわれたほど、その功は没すべからざるものがある。このように、池辺君の改革は独り編集方面のみに止まらず、経営の方面にも手を延ばしたが、その結果は両社長との感情問題が起こって、遂に池辺君も朝日を辞めるようになった」

(朝日新聞編年史別巻『池辺三山の生涯』上巻、六〇二～六〇三頁)

『朝日新聞』は一五年にわたる三山のたゆまぬ改革努力によって、現代の日本型新聞の原型をほぼ完成させた。これによって三山の論説記者、新聞編集者としての役割は果たし終わったといえる。しかし、経営者の龍平にとっては共同経営者の上野理一とともに、完成した原型を今後、どう発展させたらいいのかという課題を解決する役割が残っていた。

龍平の横顔3　白蓮事件を報道せよ

大正一〇年（一九二一）一〇月に、「白蓮《びゃくれん》事件」という、世間を騒がせた一種のスキャンダルがあった。大正天皇の従妹に当たる華族のインテリ女性が、二番目の夫である九州の富豪・伊藤伝右衛門《いとうでんえもん》から、若い社会運動家・宮崎龍介《みやざきりゅうすけ》に走った事件である。男尊女卑で、姦通《かんつう》罪があった時代のことであるから、薄幸の美女の思いきった行動に同情が集まる一方、女性の不道徳を責める声も強かった。『大阪朝日新聞』は大正七年に「筑紫の女王燁子」と題した続き物を掲載したこともあって、事件報道では、他紙を断然、リードした。

しかし、朝日新聞社内にも、「イプセンなどの新思想にかぶれた女性のスキャンダルを、社会面をつぶして大々的に報道するのは行き過ぎだ」とか、「道徳面への影響も考慮すべきだ」といった声が上がった。ところが龍平は、それとはまったく反対に、社会部に長文の手紙を送って特ダネの功を誉め、「こういう記事は徒《いたづら》に秘すべきではない。暴露してこそ、かえって世道人心に益するのである」といって、金百円を賞与として社会部に贈った。龍平の持つ大衆性の現れである。

社会部員たちは大喜び。当時の朝日新聞社の習慣に従って、早速、銀座の牛鍋屋「マツキ」に繰り出し、気焔を上げた。

第四章　白虹事件に動揺する『朝日』、そして龍平退陣

1　政府と右翼から攻撃される『朝日』

世情不安のなかで

大正七年（一九一八）の日本社会は不安に満ち、国民は動揺していた。原因の第一は激しいインフレである。日銀統計によると、消費者物価は五年前の二倍近くに跳ね上がっていた。とりわけ米価の高騰がひどく、欠食《けっしょく》家庭が続出した。これに対して当時の寺内正毅《てらうちまさたけ》内閣はまったくの無策で、全国で横行した政商などによる青田買いなども放置していた。原因の第二はシベリア出兵問題である。ロシアで前年、共産革命が起き、ソビエト政権が誕生したのに対して、寺内内閣は米国とともにシベリアに出兵しようとしていた。この問題をめぐって、国論は二分状態となった。

多くの新聞が物価の安定とシベリア出兵の断念を主張したが、「新聞嫌い」で鳴る寺内首相は一顧

だにしようとしなかったばかりでなく、新聞に対する弾圧を強めた。新聞の中でも、特に厳しい政府批判を展開したのは鳥居素川・編集局長をリーダーとする『大阪朝日新聞』であった。鳥居は池辺三山の推薦で入社した同郷の男であるが、思想的には三山よりリベラルで、批判精神に満ち溢れていた。龍平とは思想的にも行動パターンでも違うタイプであったが、互いに馬が合ったようで、激しい寺内内閣批判の編集方針についても、龍平は鳥居に一任していた。

『朝日新聞』と寺内との間には、朝鮮総督時代の因縁もあった。寺内は、『大阪朝日新聞』のソウル特派員であった中野正剛や岡野養之助《おかのようのすけ》に厳しく批判され、何度も煮え湯を飲まされたことがあった。その結果、寺内にとって『朝日新聞』は、「憎んでも憎み切れない存在」となっていた。

米騒動勃発――『朝日』抹殺を狙った官憲

官憲政府がシベリア出兵を強行した翌日の八月三日、富山県の漁村で、一粒のコメさえ買えない主婦たちの怒りが爆発、米騒動に発展した。この動きは、新聞が一斉に報じたこともあって、短期間のうちに全国に広がった。困惑した寺内内閣は有効な対策も打てないまま、米騒動に関する報道を全面的に禁止した。これに対して、シベリア出兵以来、政府への不信感を強めていた新聞業界は大阪を中心に強力な言論擁護運動を展開した。

まず一七日に、京阪神と奈良、和歌山の五三社から一三八人の代表が大阪・中之島の公会堂に集まり、言論擁護・内閣弾劾近畿記者大会を開いた。座長には大阪毎日新聞社長の本山彦一が選ばれ、大阪朝日新聞社役員の上野精一《せいいち》（理一の長男）が「あくまでも官僚的な現政府は一日も存続させてはならない」と開会の挨拶で述べた。次いで、大阪毎日新聞社役員の高石真五郎《たかいししんごろう》が内閣糾弾の決議文を読み上げた。その後、横浜、名古屋、福岡、福井、松江でも記者大会が開かれた。

大阪では二五日にも中之島の公会堂に近畿、東海、北陸、山陽、山陰、九州を代表する五三社の一六六人が集まって、関西記者大会が挙行された。この会では龍平が座長に選ばれ、高石、鳥居らが寺内内閣退陣を要求する演説を行った。

ところが、この日の『大阪朝日新聞』夕刊第二面に載った、記者大会を雑感風に伝えた記事の中に、「白虹《はっこう》日《ひ》を貫けり」という表現があり、取締り当局がこれを新聞紙法違反だとして発売禁止処分とした。問題となった記事の部分は下記の通りである。

……（会議を終わって）食卓に就いた来会者の人々は肉の味、酒の香に落ちつくことが出来なかった。金甌無欠の誇りを持った我大日本帝国は、今や恐ろしい最後の裁判の日に近づいているのではなかろうか。「白虹日を貫けり」と昔の人が呟いた不吉な兆が黙々として肉叉を動かしている人々の頭に雷のように閃く。……

当時、大阪府警の検閲関係者は政府の指令を受けて、「大阪朝日新聞に事あれかし」と鵜の目鷹の目で狙っていた。したがって、この記事が府警のアンテナにかからないはずがない。府警はただちに内務省と連絡を取り、発売禁止の処分を行った。また、執筆者の社会部記者・大西利夫と編集兼発行責任者・山口信雄を九月九日、新聞紙法第四一条違反の疑いで起訴した。

ところで、「白虹日を貫けり」の字義であるが、これは中国の天文伝説で、「白虹が太陽を貫くように見えるのは争乱が起きる前兆」という意味である。出典としては『戦国魏策』などの漢籍や『平治物語』がある。この言葉を含む記事を新聞に載せることが新聞紙法第四一条にいう安寧秩序を乱すことになるのかはなはだ疑問だが、後藤新平内相の指揮下にある内務省と大阪府警は『大阪朝日新聞』の発行禁止を狙って突き進んだ。発行禁止処分は一時的な発売禁止と違って、『大阪朝日新聞』の抹殺を意味する。

政府や警察からの圧力だけでなく、事件後、右翼からの脅迫・威嚇の投書が毎日数十通、朝日新聞社と龍平宅に送り付けられるようになった。社員たちが社長への暴力事件を心配する一方で、剛毅な龍平は一笑に付し、事件前と変わらぬ日常を送っていた。

しかし、暴力事件は九月二八日午後二時過ぎに起こった。中之島にある銀行集会所の食堂でランチを済ませ、集まっていた財界人たちと歓談の数刻を過ごした後、人力車で朝日新聞社に向かった龍平は、豊国神社の境内で、壮士風の男六、七人に襲われた。暴漢の一人は人力車に体当たりして倒し、地面に投げ出された龍平を殴り、他の数人は龍平を守ろうとした車夫を棍棒で殴打し、龍平を木立に縛り付けたうえ、「代天誅国賊」（天に代わって国賊を殺す、の意味）の布切れをつけて逃げ去った。

やがて、救援の社員たちと元気に歩いて朝日新聞社に戻った龍平は、案じ顔で詰めかける人々に「いやー、なに大したことはありません。どうも乱暴な奴もあったもので、少々ひっかき傷をつくられましたが、鍛えた体ですから別に影響はありません」と、取り乱した風もなく、明るい声で話した。

また、「村山朝日新聞社長襲撃さる」の報が巷間に広まったため、ひっきりなしにかかってくる見舞い電話にも努めて自ら電話口に出て、いつものように、朗々たる特徴のある声を聞かせた。このため、このような場合に生じやすい被害者の生死に関するデマが一掃されたのは不幸中の幸いであった。

剛毅な龍平も「不敬」批判には弱かった

剛毅な龍平はその後も暴力に対する反発を貫こうとした。翌日も平然と出社、昼になると人力車を命じて銀行集会所のレストランに出掛けようとするので、古参社員の辰井梅吉ら慎重派が諌めるが、なかなかいうことをきかない。「何も彼らを挑発するというような大人げない気持ちは毛頭ない。ただ、こんな事件が発生した後は、従来と少しも変わりのない、平常通りの行動をとるのが最も公明な態度ではないか」と言い張るのである。

しかし、第二回の襲撃計画があるという情報が増えるにつれて、社内に、上野理一を含めて慎重派が増えてきたため、龍平も「それでは社内の諸君の意向を無視することだけはやりたくありませんから、多数のご意見に従いましょう」と、当分の間、外出しないことにした。

辰井梅吉（朝日新聞社蔵）

そうこうするうちに、社内外の情勢が変わり、その変化が龍平の気持ちに影響を与えたのである。龍平は大西の書いた記事が官憲の主張するように社会の安寧秩序を乱すものでないと信じ、裁判でも無罪を主張する方針を固めていた。右翼の暴力に対しては、絶対に認めない意向であったことはいうまでもない。ところが、世論《せろん》の潮流が「朝日新聞の記事は皇室に対する不敬に当たるのではないか」という方向に向かいだすと、龍平の権力と暴力に対する戦闘力はにわかに弱まった。皇室崇拝主義者の弱点が一気に表面化したのである。それに加えて、「発行禁止処分を受けると打つ手がないから、それだけは回避すべきだ」という意見が社内で強まった。追い込まれた龍平は自らを含む幹部総退陣の措置をとるほかなくなった。

『大阪朝日新聞』は一〇月一五日以降、創刊以来最大といえる大幅な人事異動を発表した。龍平が退任して上野理一に交代するのをはじめ、鳥居素川・編集局長、長谷川如是閑・社会部長、丸山《まるやま》幹《かん》治《じ》・通信部長、花田《はなだ》大五郎《だいごろう》・調査部長、稲原勝治・外報部長、論説班のリーダー、大山《おおやま》郁夫《いくお》が辞任した。さらに、東京朝日新聞の松山哲堂・編集局長も退任した。

大人事異動に当たって、社長に就任した上野理一が同一六日、社員総会で出した悲痛な声明要旨は以下の通りである。

今晩はご報告及びご懇談したいことがあってご会合を願いましたが、その仔細は諸君もご承知の如く、本社は皇室を尊び、公平穏健を旨とし、国家社会に尽くす目的をもって新聞を発行しておりまする。然るに、今回、意外なる司法事件を惹起しましたことは誠にもって遺憾の極みであります。右の事件に関しては、弁護士諸君に委嘱しておりますが、かくのごとき事件を惹起したと申すだけでも、本社の体面上、誠に不本意の次第であります。それのみならず、村山社長に対する暴行事件さえ生ずるに至ったのであります。幸いに微傷で、すでに健康に復せられたるはご同慶に存じまするが、このような事は本社創刊以来、未曾有の事件であります。

村山社長は今回の事件に関して非常に憂慮せられ、拙者に向かって、病後、気の毒ながら、代わって社長となりてくれるようにとの懇談を受けました。拙者は病後の静養中とても社長の重圧に堪えぬと思いまして、再応辞退いたしました。が村山君の決心動かすべからざる結果、遂にやむをえずお引き受けをいたしました。これは定款の恒例更代と違いまするから、ここにご報告いたします。編集局の異動はすでにご通知いたした通りであります。鳥居赫雄君は多年、我が社のために尽力せられ、その功労多大でありまするが、不本意なる事件出来は編集局長として相すまぬという点から、徳義上、責を引いて退社を申し出られ、また社会部長の長谷川万次郎君、通信部長の丸山幹治君、調査部長の花田大五郎君、論説班の大山郁夫君も編集の幹部として長々努力せられた人でありまするが、何れも退社を申し出られました。これは遺憾千万ながらその希望を容れることになりました。また、ロンドン出張中の外報部長、稲原勝治君は召還電報を発して帰社を命じ、社会部員、大西利夫君は裁判中でありますから外勤を罷めて社内に謹慎するよう命じました。この始末については、諸君が本社の苦衷を諒察せられんことを望みまする。

前述の結果、総務局員、西村時彦君が編集顧問を兼勤せられまするから、万事、ご協議下さるよう願います。そして編集局長は当分、欠員のままにいたしおき、追々人選をいたしたいと考えまする。社会部長および通信部長は総務局文書係、岡野養之助君に転勤兼務してもらいまする。調査部長は社会部副長、後醍院正六君に転勤担任を願いました。かつまた、客員の法学博士、本多精一君にも日々、出社執筆、今後一層のご尽力を依頼いたしましたによって、諸君もご承知下されたい。

繰り返して申すまでもありませぬが、本社の大方針は公平穏健であります。時勢の進運に随い、各方面の研究は進歩し変化すべきでありますが、我が国体を擁護し、立憲政治の美果を収めて、国家社会を利するという大精神は寸毫も変わることはありませぬ。この精神にもとづいて紙面の改善を図ることはひとえに諸君の心力に待つのであります。

世間には種々の流言浮説を伝えるように聞きまするが、本社員たるものは決してこれに耳を傾けず、ただただ尽くすべき本務を尽くすことが肝要であります。ついては諸君、本社目下の状態と責任とに鑑み、穏健なる思想をもって堅実なる努力を致し、本社の信用を保ち、社運の隆盛を図られんことを希望する次第であります

（『村山龍平伝』五一三～五一四頁）


白虹事件で朝日新聞社を去った人は東西合わせて五〇余人にのぼった。この中には『大阪朝日新聞』の社説、「天声人語」「その日その日」など、論説とコラムを書いていた人々が全て含まれていた。白虹事件が起きるまで、『大阪朝日新聞』は新聞界第一の人材を誇ってきたが、事件によってその力量を一気に低下させることになった。巷間には、「朝日新聞は紙面の質が低下し、倒産を免れないのではないか」という危機説が何度も流れた。

そうした中、『大阪朝日新聞』は一二月一日、「本紙の違反事件を報じ併せて我社の本領を宣明す」と題する一文を第一面トップに掲載した。鳥居の辞任後、編集責任者に就任した西村天囚の手になる

ものである。リベラルな鳥居に対して、西村は『朝日新聞』の保守派を代表する人物であった。文章の要旨は「八月二五日の夕刊記事が法に触れるか否かにかかわらず、既に起訴されている以上は、謹慎して公明な裁判を待つしかない。しかしながら、我が社四〇年来の目的は国家社会の公益にあり、常に不偏不党公平穏健を主とすることにあるにもかかわらず、かくの如き起訴事件を起こし、かくの如き疑惑誤解を引き起こしたことは慚愧に堪えない。……近年の我社の言論がすこぶる穏健を欠くものであったことを自覚している。このような傾向を生じさせたことは我が社の信条に反している。そのことを自覚した以上は、幹部の指導が間違っていたことを認めないわけにはいかない」というもので、厳しく自己批判した内容である。

この文章に対しては、リベラル派の学者や一部の読者から「横暴な官憲の弾圧に対して、なぜ卑屈な態度をとるのか」という批判が寄せられたが、上野社長、西村天囚ら、新執行部は、「自己批判文を公表しない限り、朝日新聞は生き延びることができない」と判断したようである。

『朝日』生き残りのシナリオを書いたのは控訴院検事長

新聞界だけでなく、国民的に注目された白虹事件裁判の判決は一二月四日、大阪簡易裁判所（簡裁）で下された。編集兼発行責任者の山口信雄と記事の筆者である大西利夫の両被告は禁固二カ月の有罪であったが、検察側が求刑した『朝日新聞』の発行禁止問題は不問に処された。朝日新聞は生き残りの第一の関門を通過できたわけである。

だが、第二の関門があった。九月二七日、寺内内閣に代わって原敬《はらたかし》を首班とする政友会内閣が成立していたが、法相を兼務した原が、検察側が控訴するかどうかを決めるにあたって、上野社長に会見を求めたのである。上野は急遽上京し、原に対して、一二月一日に掲載した自己反省文の通りに行動することを改めて確約した。これに対して原も検事控訴の断念を表明し、これをもって『朝日新聞』を消滅の危機に追いこんだ白虹事件は終結した。

『朝日新聞』にとっては、同社を消滅に追い込むことを決意していた寺内内閣が判決裁判の前に退陣したことは幸いであったが、それにしても、『朝日新聞』生き残りのシナリオは誰の手によって書かれ、誰によって実行されたのであろうか。当時、大阪控訴院検事長であった小林芳郎《こばやしよしろう》の伝記『小林芳郎翁伝』などによれば、『朝日新聞』を訴追する側の中心人物の一人であった小林が救済劇の主役でもあったようである。

白虹事件が起こった当時、小林と大阪府知事の林市蔵《はやしいちぞう》、大阪朝日新聞編集局長の鳥居素川は同郷であることと、池辺三山への尊敬の念という絆で結ばれた飲み友達・議論仲間であった。したがって、事件が起こり、小林、林と鳥居が敵・味方に分かれた時、小林と林は政府の命令に従って『朝日新聞』を指弾する役割を果たしながら、鳥居と『朝日新聞』のために心を痛めていた。そうした、ある日、寺内内閣の後藤新平内相から「朝日新聞に対して厳しい判決が出る」という内示を受けた林が、たまらない気持ちになって小林を検事長官舎に訪ねた。官舎の中庭に面した日本座敷で、小林はキセルに何服かの刻み煙草を詰め替え、しきりに紫煙の後を追って想を練った後、林に次のように語りかけた。

「朝日に弾圧を加えようとする当局の方針もさることながら、公平に考えてみて、こういう場合、いちいち新聞の発行を禁止しては際限のないことであるし、かつまた、政治的処理としても何らの妙味がない。かえって、動あれば反動あり、強力な弾圧を加えた後の結果は決してよいものではない。自分の意見としては、この際、この記事に対する責任を取らせるため、主筆はじめ幹部を辞めさせ、新聞社としては、将来、あのような奇矯な記事を掲載しないように、その態度を改めさせ、それを我々に誓わせたら、それで十分懲罰の目的は達しているのではないかと思う。(朝日新聞が)政府の方針に必ずしも盾をつこうというのではない。これが最善の処理であって、中正公平の見解であると考えるが、君はどう思うか」

林は小林の意見を聞いて、感動しながら、「自分としても、一も二もなく同意します。それでは、自分は地方長官として、朝日新聞社幹部と会い、自責の態度をとってもらうよう、話をつけましょう」と応じた。小林はこの話し合いの後、上京して法相と会い、『朝日新聞』に発行禁止処分を科さないように説得した。この時、小林は懐に辞表を用意していたという。

大阪簡裁の判決によって、『大阪朝日新聞』は政府の弾圧による消滅の危機は回避できた。しかし、右翼とライバル紙による販売に対する攻撃は、事件発生から判決後まで続いた。

発行部数の減少

当時、『大阪毎日新聞』系の最大の新聞販売店だった岡島《おかじま》新聞舗の主人、岡島真蔵《しんぞう》は次のように話している。

「幸いといおうか、偶然といおうか、大正七年には朝日新聞の不敬事件が起った。それで朝日の評判が非常に悪くなった。こっちはぐんぐん進んでゆく。朝日は部数が減り、苦境に立った。そうなって、毎日は非常に幸せでした。大阪の人は事件について朝日に同情したかもしれません。しかし、朝日は販売では大打撃をこおむった。毎日新聞の販売部は、朝日の村山さんがこうなったとか、裁判で何が起きているとか、公式にはいえないがこうだからと流す。朝日を売っている北尾販売店の話を聞いてみると、拡張にも行きにくい、といっていました。非常に気兼ねをするというわけでしょうね、肩身が狭いということですね。今にも朝日が発行禁止になるという瀬戸際まできたわけですからね」

小西勝一
（朝日新聞社蔵）

下記は、その後、大阪毎日新聞社の役員になった高石真五郎の回顧談である。

「その時は快哉を叫んで、朝日にえらい災厄が来たと喜んで見ていました。新聞界として助けようと考えた人はいなかったでしょう。大阪朝日新聞は商売仇ですから単なる対抗意識ばかりでしたよ。うちの販売も『あんな新聞とったら、大変なことになりますよ』という調子で売り込みました」

（朝日新聞編年史の別巻『小西勝一と朝日新聞』三〇〇頁）

これに対して、『大阪朝日』の販売部門は猛然と立ち向かった。その結果、販売部数は前年同期に比べて一日の部数で八〇二三部、販売収入で一八一六円余上回った。販売部門の責任者であった小西勝一は、「少なくとも、販売妨害による部数の落ち込みを最小限にとどめることができた。大阪朝日の屋台骨が揺らぐことはない」と語っている。しかし、白虹事件を境に、発行部数のトップを『大阪毎日新聞』に奪われ、再び追いつくのに五年近くかかったという説もある。小西の弁は強がりの一面もあったのではないだろうか。

花井弁護士の後日談

白虹事件裁判で主任弁護人を務めた花井《はない》卓蔵《たくぞう》弁護士は、どのような姿勢でこの事件の裁判に臨んだのかについて、後日、次のように話している。

この事件は新聞界の常勝将軍であった村山龍平氏が初めて言論の戦いにおいて傷つき、一時的ではあったが、その戦闘力を失ったという点に重大性が存したのである。さらに重大であったことは、村山氏が傷ついて一時、戦闘力を失ったことは、同時に朝日新聞そのものも傷ついて戦闘力を失う結果となったことである。さすがの朝日にとっても、村山氏が傷ついて戦列を去ることは、鳥居や西村の去就の比ではなかったのである。したがって、村山氏が去った後の空塁を守る上野氏や西村氏の役目も気の毒で、維新の際の勝安房や第一次世界大戦終局後のヒンデンブルクの苦哀に比すべきものがあった。事件の性質からいえば、村山氏も鳥居氏も、而して朝日新聞も、陰謀にあって傷ついて倒れたのである。したがって、弁護は一被告人の問題を背後の新聞社に波及せざるよう食い止めるのが第一眼目であった。一面、これを政治的に見れば、今まで言論界において不死身の強さを誇っていた大阪朝日が唯一の弱点、すなわち、皇室の問題については追及されるとすこぶる苦しむ、ということをある種の思想団体に覚えられてしまったことは、かえすがえすも遺憾なことであった。しかし、後になってみると、あの事件後、立ち直った村山氏や朝日新聞の諸幹部が、退社して大正日日新聞に拠った鳥居氏の反撃と競争紙の追撃の挟み撃ちにあいながら、数年ならずして盛り返した底力というものは真に恐ろしいほどで、自分としても東洋のロンドンタイムスとも称すべき新聞をかかる事件で潰すのは文化国家の恥辱であると法廷で強調した甲斐があったと、心ひそかに満足していた次第である。

（『村山龍平伝』五二四〜五二五頁）

白虹事件の結末は、いうまでもなく、『朝日新聞』を力ずくで弾圧した官憲の勝利であった。しかし、国民の多くがこの結果に納得したわけではない。それは、鳥居素川が官憲と、それに屈した『朝日新聞』に反発して創刊した『大正日日新聞』に対する世間の反応を見ればわかる。

『大正日日新聞』は白虹事件終結後約一年の大正八年一一月二五日、『大阪朝日新聞』『大阪毎日新聞』と引けを取らない体裁の新聞として創刊された。スタッフは主筆の鳥居素川を筆頭に、大山郁夫、長谷川如是閑を客員として、編集部長・中島胡泉、外国通信部長・丸山幹治、内国通信部長・花田大五郎、社会部長・河東碧梧桐、東京支社長・宮部敬治ら、編集の中枢の多数を『朝日新聞』退社組が占めた。創刊号の紙面は圧巻であった。総理大臣・原敬をはじめ、内外要人の祝辞が第一面にびっしりと並んだのである。その中には、中国の孫文や、孫文と対立した軍閥の重鎮、段祺瑞の名もあった。『大正日日新聞』は販売政策の失敗から短期間で幕を閉じたが、もし、世論が白虹事件における官憲の『朝日新聞』に対する弾圧を正当と判断していたら、『大正日日新聞』の華やかなスタートはあり得なかったであろう。

2　上野の急逝、復活した龍平と大震災

上野理一の体調不良

上野理一が高齢による体調不良を自覚し始めたのは大正六年、七〇歳になった頃からであった。上野は幼少から茶道をたしなみ、朝日新聞社の経営に携わるようになってからも、さまざまな茶会に出席していた。同年四月に開かれた、当時、関西随一の茶道師匠、藪内節庵《やぶのうちせつあん》の茶会の席で、若い頃からし慣れたはずの手前が、思う手順で運ばないことに気付いたのである。その後、医師の診断を受けると、高齢者特有の循環器系の症状が進行していることと、もはや新聞業界の第一線での激務につくことは避けなければならないと告げられた。このため、上野は龍平にこの事情を打ち明け、その秋に予定されていた社長交代を延期してくれるよう要請した。

龍平と上野の関係は、第二章に述べたように複雑で、多くの行き違いを含むものであったが、なんといっても、一年ごとの社長交代という他に例のない共同経営を営む盟友同士である。龍平は上野の体調を深く懸念し、上野の要請を受け入れた。ところが、翌年夏、白虹事件が起きて、体調の回復し

ていない上野に再度、朝日新聞社を預ける事態になってしまった。上野は事件解決と朝日新聞社生き残りの任務を立派に果たしたが、そのために、体力をいっそう消耗してしまった。

経営立て直しへ
株式会社に改組

二人は、白虹事件で打撃を受けた経営の立て直しと、ますます複雑化する新聞業務に対応するため、合資会社だった組織を株式会社に変えることに合意し、大正八年八月に実施した。資本金は一五〇万円で、株主は村山龍平、上野理一、上野精一、村山藤子（龍平の長女）と、小西勝一、辰井梅吉らの社員以下一二一人。取締役社長に龍平、専務取締役に上野精一が選任された。

だが、上野の死は意外なほど早く、かつ突然やってきた。上野は、年末も押し詰まった一二月三〇日夜、暮の挨拶にやってきた息子夫婦らを機嫌よく玄関先へ送り出した。その後、年始に恒例としていた茶会の手配などを済ませてから就寝した。午前一時頃、厠に立ち、「気分が悪い」ときぬ夫人を呼んで、その介添えで寝室に戻ったが、まもなく意識を失った。夫人が慌てて最寄りの医者を呼んだが、医者が到着した時は脳血栓の重い発作で、すでに手当の施しようのない状態になっていた。享年七二歳であった。葬儀は年明けの一月七日、大阪市の四天王寺本坊で社葬をもって執行された。龍平は盟友を失ったショックで病を得て、葬儀を欠席した。祭文は小西勝一取締役が代読した。

しかし、大きな困難に陥った時、何倍もの力を発揮するのが龍平の特徴である。春を迎えると、壮年期を取り戻したようにいきいきと活動を再開した。まず六月には、大阪編集局の立て直し人事を断行し、編集局長に高原操、整理部長に原田棟一郎と鎌田《かまた》敬四郎《けいしろう》、通信部長に岡野養之助、社会部長に大江理三郎を就任させた。また同時に、社長直属の計画委員会を設け、委員長に女婿の村山長挙《ながたか》、委員に編集局の各部長を充てた。一一月には、東京朝日新聞の新本社（銀座・滝山町）を落成させた。

大正一〇年初めから一二年九月の関東大震災までの主な活動実績は次の通りである。

〈大正一〇年〉

・英国の新聞王、ノースクリフ卿を迎え、龍平と会談。

・ワシントン軍縮会議に大取材団派遣。

・下村宏《しもむらひろし》（海南）入社、取締役に。

〈大正一一年〉

・『週刊朝日』を創刊。

・四〇〇万円に増資。

・石井光次郎《いしいみつじろう》が入社し、経理部長に。

・国内初の記事審査部を設ける。

・米国アール・ホー社製高速輪転印刷機四台を導入。マリノニ機と併用。

〈大正一二年〉

・東京・大阪間の定期航空を開始（第五章に詳述）。

・『アサヒグラフ』『アサヒスポーツ』を創刊。

このように矢継ぎ早に実績を上げることは、株式会社への改組の成功のためもあるが、龍平のリーダーシップの復活なしには実現しなかったであろう。

この時期、東西の『朝日新聞』の紙面も活発を極めた。とりわけ創刊以来努力を注いできた普通選挙の実現については、社説や論文で政府と政党の怠慢を叱咤するだけでなく、尾崎行雄、吉野作造《よしのさくぞう》、清瀬一郎ら著名な政治家、学者、弁護士を招いて普選促進のための演説会や多数の新聞社代表を動員しての記者大会を、『朝日新聞』が中心となって組織した。

また、第一次世界大戦後の大正九年（一九二〇）に発足した国際連盟が、大国の思惑などから、民族自決や人権尊重に向けて積極的に動かぬことに対して、しばしば警鐘を鳴らした。

関東大震災で印刷不能に

大正一二年九月一日に起きた関東大震災によって、東京の新聞社の大部分は甚大な被害を受けた。印刷能力を維持できたのは『東京日日新聞』と『報知新聞』だけ。『東京朝日新聞』の場合、地震による被害はわずかであったが、震災と同時に起きた火災によって事実上全焼し、編集・印刷能力を失った。このため、『東京朝日新聞』は日比谷の帝国ホテル内に臨時の編集局と事務所を開設し、印刷会社数社に印刷を依頼し、号外の形でできるだけ新聞発行を続けた。

また、東京市内から外部への電信電話が途絶したため、東京朝日新聞社は四班九人の記者を別々のルートで大阪に向かわせた。その四班のうち、最初に大阪に辿り着いたのは、社会部員の福馬謙造であった。福馬記者がどのようにして全滅状態の東京を脱出し、二日半で大阪に到着できたのか、後日に彼が書いた手記を基に、振り返ってみよう。

福馬は九月一日午後、被害が大きかった日本橋、神田地区を中心に取材をしていた。その最中、商店従業員をしていた青年から「私の両親は大阪にいるのですが、大阪の被災状況はどうなっているのでしょうか」と問われてから、そのことが気になり始めた。夕方、銀座・滝山町の東京本社に帰って聞いてみると、大阪本社とは全く連絡が取れていないという返事。たまたま社会部長席近くに来ていた下村宏専務に「大阪の被害は東京を上回っているかもしれません。また、東京の惨状を、一刻も早く大阪に知らせるべきです。私を大阪に派遣してください」と訴えた。下村は、「美土路《みどろ》（昌一《ますいち》・通信部長）君の発想で、もう二班の記者が大阪に向かっているが、さらに出発させても、多すぎることはない。福馬君は仲間を募って社の自動車で大阪に向かってくれ」と答えた。

福馬はグラフ局と経済部の記者とともに午後九時過ぎ、東京本社を出発した。しかし、東海道を大森まで行くと、道路に大きなクレバスができていて、別の道に回らざるを得なかった。八王子、座間、厚木と辿る。平塚市郊外の相模川の橋は完全に落ちていた。やむを得ず、車を東京に返し、相模川を泳いで渡った。東京本社を出る時に写真課長から預かった未現像の被災写真を濡らさないようにするのに苦労した。

それからは歩くほかない。全滅状態の平塚市街地を通り抜ける。二人とは意見が食い違い、一人になっていた。二日夜、御殿場線・国府津駅に着き、動物用貨車の中で眠った。三日未明、松田から駿河駅へ。たまたま拾えた自動車で富士裾野駅に午後六時頃に到着したところ、午後八時過ぎに大阪行列車が出発するという幸運に恵まれた。

大阪までの車中では昏睡した。大阪駅には四日午前八時半に到着した。駅から円タクを飛ばして大阪本社に着いたが、守衛が怪しんで、なかなか中に入れてくれなかった。髪はくしゃくしゃの上、泥だらけであったのだから、無理もない。押し問答の末、二階の編集局に上がると、大江《おおえ》素天《そてん》・社会部長のところに案内された。二人の間でこんなやり取りがあった。

「東京を一日夜発って、やっとやってきました」

「やあ、ご苦労、ご苦労。直ぐ号外を出しますから、東京を発ってから大阪に着くまでのことを書いてくれたまえ」

「は、書きます。その前にお茶を一杯いただけませんか」

「おい、子供、牛乳とコーヒーとサイダーとお茶を持ってこい」

大江は給仕に飲み物を命ずるとともに、福馬に原稿用紙と鉛筆を突き出した。福馬は号外一頁分の原稿を一気呵成に書きなぐった。大江と社会部員、整理部員が福馬の脇に立ち、原稿を書くのを待って、原稿用紙を一枚一枚持って行った。福馬は書き終わってから、サイダーを一本、うまそうに飲んだ。その後、大江は福馬を編集局長室に連れて行った。そこには龍平がいた。龍平は椅子から立ち上がると、大声で「ご苦労じゃった。君の勇気と冷静さに感謝する」と声をかけるとともに、福馬に両手を伸ばして握手した。これには、居並ぶスタッフがいささか驚いた。これまで龍平が西洋式に握手する姿は、外国人と会う時を除いて、見たことがなかったからである。龍平も相当、興奮していたのだろう。

号外には「帝都の写真を齎《もたら》して大阪への第一急使」という大見出しが踊った。続いて四日夕刊、五日朝刊にも、多数の被災写真が掲載された。だが、競争紙には五日朝刊になっても、被災写真は一枚も載らなかった。五日夜に中之島公会堂では、福馬ら東京朝日新聞記者による震災報告大講演会が開催されたが、入場できない人が出るほどの大盛況であった。

福馬ら東京の記者たちは八日に大阪を発ち、一〇日に帰京した。当時、福馬は本郷区追分町に下宿していたが、その下宿では、福馬が一〇日経っても帰らないので死んだものと思い、荷物をひとまとめにして、部屋を空けていたという。

勇気と冷静さで震災報道に勝利

さて龍平は震災後の三日に、村山長挙、辰井梅吉の両取締役を急遽、東京に派遣したが、自身は大阪に止まって全体の復旧対策の指揮を執った。東京朝日新聞の被害は本社の機能が全滅しただけでなく、洲崎《すざき》飛行場に駐機していた航空機四機を高潮と火災で失うなど甚大であったが、発行部数日本最大級の『大阪朝日新聞』の資力と人材を利用すれば、『東京朝日新聞』を半月以内で復旧・再刊することも困難ではなかった。再刊までの間、『大阪朝日新聞』は朝夕刊数十万部を増刷し、海路で東京に輸送して、『東京朝日新聞』の編集・印刷能力の不足を補った。

こうした努力の結果、『大阪朝日新聞』は四日午後から生々しい写真入りの大震災特集の号外を次々に発行、大阪における震災報道に圧勝した。前述のように他の新聞は五日付紙面にも震災の写真を載せることができなかった。ただ震災の第一報自体は『大阪毎日新聞』が先行した。これは、実質支配していた『東京日日新聞』が焼失を免れ、名古屋経由での大阪への連絡が最も早くついたためである。

龍平自身は一〇月一五日、『大阪朝日新聞』の高原編集局長、小西営業局長とともに、船で横浜港に着き、東京に入った。宿泊先は、まだ被災者でごった返している帝国ホテルとし、一部屋にベッドを二台入れてもらい、夜は高原と一緒に過ごすことにした。『東京朝日新聞』の復旧作業の進み具合を点検してみると、緒方竹虎・整理部長や美土路昌一・通信部長ら幹部の懸命な努力で、すでに見通しが立っていることが分かったので、龍平の思考は、震災に強い新本社ビルの建設など、長期的なプラン作りに移っていった。昼は超多忙の毎日であったが、多少ともほっとする夕方から夜にかけては、龍平らしいエピソードがあった。

・大震災後、帝国ホテル周辺には、「ルンペン茶屋」と呼ばれた掘立小屋の居酒屋ができており、多くの新聞記者や職工が夜な夜な通っていた。しかし、龍平は「あんなところで飲み食いしたら腸チフスになるぞ」といって、絶対に足を向けず、もっぱらホテルのレストランで雪駄のように固いビーフステーキを食べ続けた。その徹底した節制には、朝日新聞の部下たちも称賛を通り越してあきれた。

・龍平は夜、隣室まで響くような豪快ないびきをかく癖があった。それを自覚していた龍平は高原に「君が先に寝ろ。後にベッドに入ったら私のいびきで寝付かれず、毎日、寝不足になるぞ」と気遣ったという。

龍平の横顔4　数寄屋橋は風紀悪し

関東大震災で銀座・滝山町にあった東京朝日新聞本社が全焼し、その後、一時、同じ場所に再建することになった。しかし、「どうせ建て直すなら、規模の大きい耐震建築の方がいい」という意見が強くなって、新しい場所を探した。初め、東京駅丸の内口近くの二カ所が候補に挙がったが、「朝日新聞はインチキをして官有地を獲得しようとしている」などのケチがついたりして、なかなか決定しなかった。

そうこうするうちに、担当だった石井光次郎の下に読売新聞社社長の正力《しょうりき》松《まつ》太郎《たろう》から、「数《す》寄屋橋《きやばし》畔に日華生命の所有地で、新聞社の本社として好適な土地がある」との情報が入った。

石井らが調べてみると、交通の便、地盤の強さ、土地の広さ、価格など、ほぼすべての点で朝日側の考えと適合しているので、龍平の了解を取って、そこに決めようとした。

ところが、数寄屋橋畔の土地に龍平が強く反対した。

主な反対理由は二つだった。一つは、その土地が江戸城（現在の皇居）の外濠沿いにあり、地盤が低く軟弱ではないかという点。龍平は明治一八年夏、大阪を襲った台風で印刷工場を水害の被害から救うために命懸けの努力をしており、それ以来、水害には非常に神経質になっていたのだ。しかし、それ以上に大きな反対理由は、隣に肌を露出させた女性が踊る劇場があることだった。「風紀が悪いところはだめだ。社員が仕事に身が入らない」というのである。いささか子供じみた物言いだが、龍平は真剣であった。

結局、他に好適地が見つからなかったため、

昭和３年頃の有楽町本社（朝日新聞社蔵）

数寄屋橋畔に決まり、鉄筋コンクリート八階建ての新本社ビルが昭和二年四月に竣工した。一九八〇年まで使っていた東京朝日新聞社有楽町本社である。

建て上がったビルは潜水艦型にも見える個性あるビルで、龍平も気に入っていたようだ。隣の劇場は東宝系の日劇と日劇ミュージックホールであったが、ミュージックホールには多くの朝日社員が通っていた。

第五章　国民に愛されたアイデア商法

龍平が『朝日新聞』を日本一の新聞に育て上げた要因として、幅広い報道の提供、社会的に役立つことの啓蒙に加えて、国民が喜ぶ事業を実施して、それを新聞に掲載するアイデア力を挙げることができる。龍平のアイデア商法の代表的なものは航空事業と甲子園野球である。

1　航空事業に乗り出す

航空機の将来性に着目した龍平

明治四四年（一九一一）一二月二八日付『大阪朝日新聞』の第一面に「大飛行空前の一大快挙」という三段抜きの大活字が躍り、読者を驚かせた。三月に、大阪城東練兵場で、三人の米人飛行士による朝日新聞社主催の大飛行会を催すという社告である。当時は陸軍のパイロット二人がヨーロッパでの修行を終えて帰国、飛行訓練を開始したばかりで、まして民間航空については、飛行試験を行うことはもちろん、報道されたこともなかった。民間航空に関する

武石浩玻
（朝日新聞社蔵）

新聞報道第一号は『大阪朝日新聞』の同二月二六日付二ページ特集「日曜付録　飛行機号」である。ここでは世界の航空界の現状、世界の航空機発明家と飛行家、将来の飛行機などについて、当時としては非常に進んだ内容の読み物が掲載された。

　龍平が航空機に着目したきっかけが何であるかは分からない。しかし、飛行機や航空界の将来について四、五年前から調査・研究し、「今日は文明発展の時代であり、飛行機は文明の代表的存在の一つである」と、飛行機の将来性について確信に近いものを抱き始めていたことは間違いない。しかも、新聞社にとっては、取材、輸送の両方で役立つので、早く本格的に導入した新聞が競争に勝てると考えたのである。

　龍平の打った手は矢継ぎ早だった。約八〇万人を集めた三月の第一回飛行会では、ゼーシー・マース飛行士が三度の飛行を敢行、最高高度は二三五〇フィートに達した。第二回飛行会は四五年六月八、一〇両日、米人飛行士アトウォーターを招いて、西宮海岸で水上機を使って行われた。つめかけた観衆は約三万人であった。

　第三回飛行会は大正二年五月三、四両日、初めての日本人飛行士による大阪・京都間の往復飛行を試みた。ところが、第二日に大阪・城東練兵場から京都・深草練兵場に向かった武石浩玻《たけいしこうは》・飛行士（二八歳）は着陸に失敗、即死した。武石はパイロットとして優れていただけでなく、「飛行機国防論」と題した論文を三宅雪嶺の主宰する雑誌『日本及日本人』に数回投稿していた前途有為のインテリだった。それだけに、その悲劇は多くの国民から惜しまれただけでなく、広がり始めていた飛行機ブームを一気に加速させた。

武石飛行士の悲劇にもめげず、龍平は朝日新聞社主催の飛行会を続けた。第四回飛行会は同一一月一～三日、鳴尾競馬場で幾原知重飛行士を招いて企画したが、故障続出で中止になった。それに先立ち、朝日新聞社は一〇月二七日、大阪土佐堀青年会館で民間航空問題に関する講演会を開催したが、これはこの種の講演会としては日本初である。

大正三年になると、発足したばかりの帝国飛行協会が第一回民間飛行大会を企画、朝日新聞社に後援を要請してきた。龍平は即時に快諾、第一回大会は六月一三、一四両日、鳴尾競馬場で五人の日本人飛行士と飛行機五機が参加し、大観衆を集めて盛大に開催された。この時までの日本人飛行士の技術進歩は目覚ましく、連続飛行時間では磯部鉄吉が一時間三四分、高度では荻《おぎ》田《た》常三郎《つねさぶろう》が二三〇〇メートルに達した。この飛行大会に先立っても、大阪の青年会館で五人の飛行士による講演会が行われた。

当時、欧米の飛行士はさかんに試みるのに、日本人飛行士がやらなかったのは宙返り飛行である。「あれは飛行士の曲芸に過ぎない」という考え方があったためだが、同時に技術が及ばなかったのも事実であった。陸軍は危険を理由に宙返り飛行を禁止していたが、龍平は欧米の飛行士を招いて、陸軍パイロットを含む日本人に宙返り飛行を直接見せようと考えた。大衆に人気があることは明らかだし、また、将来、戦闘機による空中戦の際、必要となる航空技術だと確信していたからである。

最初に招いたのは米人飛行士チャールス・ナイルス。五年一月一五、一六両日、鳴尾飛行場で三万余の観衆を前に高、低空での宙返りと数回の垂直降下を披露した。陸軍からは三〇〇人余が見学に来場した。それ以上の妙技を見せたのは米人飛行士のアート・スミスである。四月下旬の三日間、やはり鳴尾で昼夜間の曲芸的飛行を披露した。たとえば、離陸すると低空で一四回連続回転を行い、上昇してからは、宙返りに止まらず、飛行機の胴体を上下逆にして波状飛行を行うことなどは、日本人飛行士が予想もできないことであった。二七日の夜間飛行では、飛行機の前後にライトをつけるなどして宙返りを繰り返し、約一〇万人の観衆を魅了した。

ローマからイタリア機が飛来――膨らむ龍平の夢

大正八年八月、『大阪朝日新聞』の編集幹部であった鈴木文四郎《すずきぶんしろう》がヨーロッパ旅行中、ローマで有名詩人のダヌンチオをインタビューした。その際、親日家のダヌンチオは、イタリア軍機に日本まで遠征飛行をさせたいという夢を語った。龍平の感化で航空に興味を持っていた鈴木は、「その計画は絶対に実現させるべきだ。朝日新聞としても協力する」とけしかけた。それで本気になったダヌンチオは一〇〇〇万リラともいわれる巨額の資金を集め、九年二月、ローマから一番機を出発させた。

しかし、多くの飛行機が不時着したりして、故障や事故が続発、マシェロ、フェラリー両飛行士が操縦する二機が大阪に到着したのは五月三〇日であった。所要一〇七日間、実飛行九〇時間、距離二万キロ余であった。朝日新聞社は遠征飛行の成功を祝うビラ五万枚を大阪上空から散布するとともに、盛大な歓迎レセプションを大阪で催した。龍平は、この時の挨拶で、次のようなことを述べている。

「両中尉が大空を征服し、幾多の辛酸と闘い、わが日本に訪問せられ、ここにダヌンチオ氏の詩的空想に生まれたる大冒険は実現せられました。これ実にイタリア国民の名誉にして、両中尉の名は永久に世界史上から消える時はないと存じます。しかして私は、やがて日本（航）空界の勇士が、ご両君の勇敢なる行動を模範として、空中より今日のご訪問にお答えする機会のあるべきことを期待するものであります」

（『大阪朝日新聞』一九二〇年五月三一日）

この挨拶の最後の一節を聞いた朝日新聞社内外の人々は全員が、「外交辞令的な一節であって、日本の飛行機と飛行士がローマまで遠征することはあり得ない」と考えた。しかし、龍平の胸の内では日本人飛行士によるヨーロッパ遠征の夢がふつふつと煮えたぎり始めていたのである。それは五年後、朝日新聞社自らが「初風《はつかぜ》」号、「東風《こちかぜ》」号をヨーロッパ訪問飛行に特派することによって実現した。

朝日主導で定期航空会社を設立

朝日新聞社内の飛行機熱のボルテージは時を追うにつれて、いっそう高まった。初めは龍平が航空にまつわる事業を主導していたが、そのうちに、龍平以上に航空に熱を上げる幹部が出てきた。

たとえば、幹部会議が開かれるたびに定期航空会社の設立を主張した安藤正純《あんどうまさずみ》（東京編集局長などを歴任）である。貨物の定期航空輸送は社会的には重要であるが、新聞事業と直接結び付いているわけではないので、龍平は慎重な姿勢を取った。しかし、「航空界全体の発展を考えると、定期航空会社の設立は必須である」という意見が大勢を占めるようになり、龍平も賛成に回った。

それにしても、新聞社が主導して定期航空会社を設立する意義は何であろうか。パイロットは毎日訓練しないと技量が落ちるから、定期航空会社があれば、パイロットの育成や技量維持に役立つことは間違いない。しかし、そのことを除けば、定期航空会社の業務のほとんどは新聞事業と関係ない。したがって、朝日新聞社主導で定期航空会社を設立するのは自らの利益のためではなく、社会全体の利益を考えた結果だといえる。いかにも破天荒な事業だが、そのような考え方がすでに朝日新聞社の中に根付いていたのである。

朝日新聞社は大正一一年末、伊藤飛行機研究所、白戸飛行場（千葉）と「東西定期航空会」を設立、一二年一月一一日から東京、浜松、大阪の三地点間で毎水曜日、一往復の定期貨物輸送を開始した。その後、業務は悪天候の中で起きた一回の墜落事故を除いて順調に進んだが、関東大震災の影響で長期の中断を強いられた。同一二月に再開後は、順調な業務を取り戻した。

一四年四月からは定期郵便航空を開始した。他の二社と組んで全国規模の航空郵便ネットワークを作り上げた。これによって、速達などの配達期間が大幅に短縮された。さらに、朝日新聞社は昭和二年四月、東京・大阪間と東京・仙台間で定期旅客輸送に手を染め、今日では考えられないことであるが、「航空旅行は朝日の定期航空に限る」との評判をとり、盛況を呈した。

顧みると、朝日新聞社の航空事業は明治四四年の米人飛行士を招いた飛行会以来、定期旅客輸送まで三〇年に及び、第二次世界大戦前の国内民間航空を先導した。しかし、経済社会の軍事色が濃くなる中で、民間航空の運営が困難になり、龍平没後の昭和一〇年、定期航路権を逓信省に返上し、朝日新聞社内の取材・輸送活動以外、「朝日の航空事業」の幕を閉じた。ただ、東京・大阪間の東西定期会社については、昭和四年四月、日本航空輸送が設立されたのを機に、同社に無償譲渡した。

訪欧飛行の壮挙
――龍平の願い実る

朝日新聞社が国内のみならず、世界の航空界でもその実力を示したのは、なんといっても、大正一四年の訪欧飛行の壮挙であった。数年前から計画部が陸軍の協力を得て計画をまとめ、一四年新年の紙面で計画を発表した。前年に英国、米国、フランスの飛行機が世界一周飛行で日本に到着する中で、これに対抗する形で、龍平が日本機による訪欧飛行計画実施に踏み切ったのである。

飛行士は朝日新聞社の河内一彦と予備陸軍大尉の安辺《あべ》浩《ひろし》。機関士は陸軍の篠原春一郎と片桐庄平。使用機はフランス・ブレゲー社製の二機で、「初風」「東風」と命名された。これまで、各国機の欧州・アジア間の長距離飛行はすべて南回りルートであったので、日本機は世界初のハルビン、モスクワ経由のルートをとることとした。しかし、新ルートの開発は困難を極めた。ハルビン空港は地上設備が劣悪で、安全な離着陸ができるかどうか不明の状態。シベリアには不時着可能な場所がなく、そのような施設を新たに建設しなくてはならなかったからである。

「初風」「東風」の両機は七月二五日、代々木練兵場から大観衆に送られて出発、大阪、ハルビンなどを経て、シベリア・ルートを順調に飛んで、八月二三日、モスクワに到着した。そして、九月一七日と一八日にベルリン着、同二八日にパリ着、ロンドンを経てゴールのローマには同二七日に到着した。東京・ローマ総飛行距離一万六一九六キロ、総所要日数九五日間、正味飛行時間一〇九時間で、計画を完遂した。

この間、両機がヨーロッパの各都市に着くたびに、国内各紙だけでなく、欧米各国の主要紙も報道し、国内では国民的盛り上がりを見せた。また、飛行士と機関士の四人が一五年一月六日、船便で帰国、東京と大阪で歓迎会が行われた際には人波があふれた。

朝日新聞社は大正一五年、この訪欧飛行の詳細を記録した『訪欧大飛行誌』を刊行した。その冒頭

訪欧飛行した飛行士・機関士4人の歓迎会
（大正15年1月6日，鹿島丸船上にて）（朝日新聞社蔵）前列左から，安辺・河内・篠原・片桐。

訪欧飛行4勇士大阪に凱旋
（大正15年1月7日，大阪駅にて）（朝日新聞社蔵）

に龍平は、「訪欧大飛行の意義と我が社の感謝」と題した、序詞ともいうべき文章を書いている。龍平の航空についての考え方と決意が明確に示されているので、長文ではあるが、その重要部分を採録する。

我が朝日新聞社は去る明治四四年以来、日本航空界のために微力を尽くしているのでありますが、世界的飛行について刺激を受けましたのは、大正九年、イタリー機がローマから飛行しきたり、大阪に着陸、朝日新聞社を訪問した際であります。同年二月、イタリーのダヌンチオ氏が初めてインド経由日本に至る欧亜連絡大飛行を企て、前後三回にわたり一〇機を出発せしめたが、そのうちフェラリー、マシェロ両中尉の二機が無事、大阪に着陸、世界の嘆賞を博しました。当時、我が社で歓迎会を開いた席上、自分は歓迎の辞を述べ、その中で「(今回の快挙は)イタリー国民の名誉にして、同時に、両中尉の名は永久に世界史から消える時はあるまいと存じます。そして、私は、やがて日本空界の士が、両君の勇敢なる行動を模範として、空中より今日のご訪問にお答えする機会のあるべきことを期するものであります」と申しました。

もちろん、当時、直ちにこれを実現しようという考えもなく、私の希望は具体案となったわけではありませんが、その機会の早く到来することを心ひそかに待っていた次第であります。然るに、大正一二年の秋に至り、英米両国の世界一周飛行の計画発表があり、翌一三年にはフランスもまた同様の企てをなし、ポルトガル機も来る、アルゼンチン機も来るという有様で、我々のかつての希

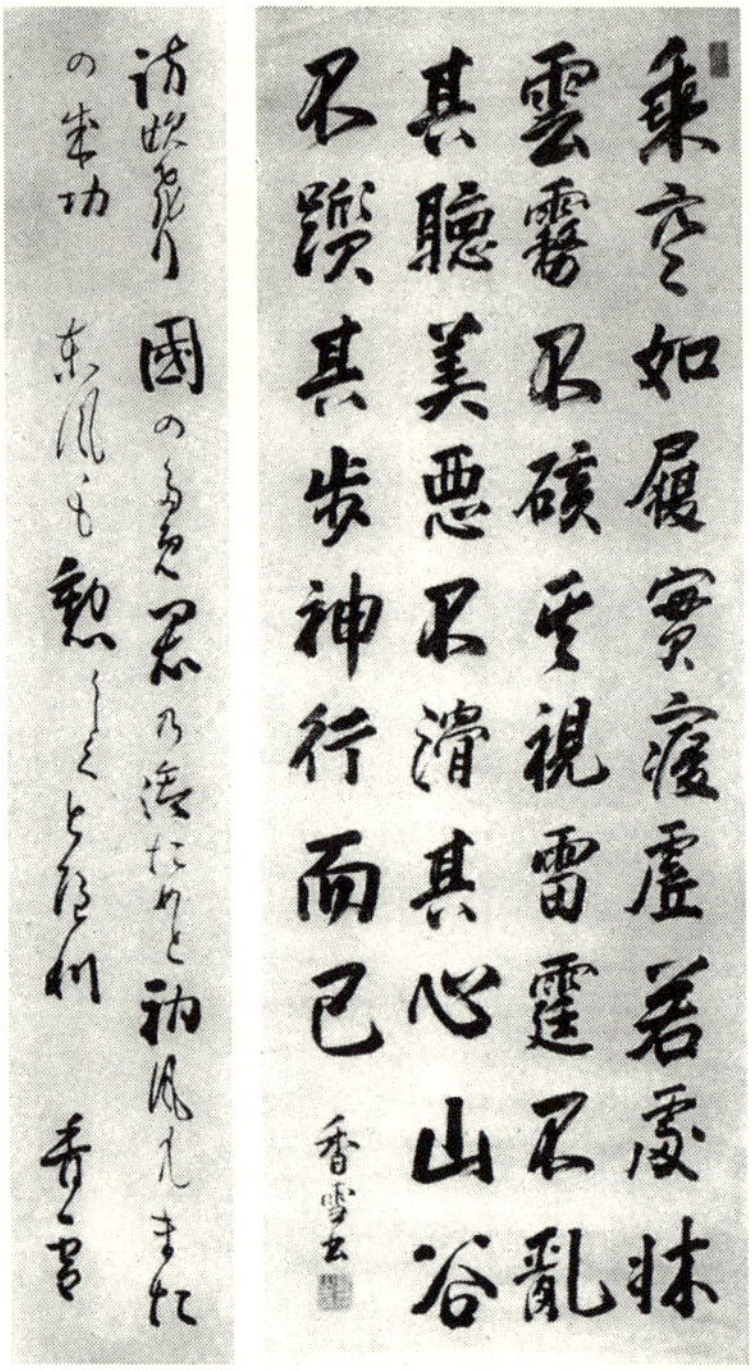

「東風」「初風」訪欧飛行成功を祝しての書
（『村山龍平伝』より）

望に誘発的衝動を与えましたので、熟慮調査の結果、ついに社議を決し、一四年新年紙上に答礼の意味において欧州訪問大飛行の実施を発表致しました。

この成功により、(外国機による)幾多の空中訪問の答礼を完了し、また、訪問した各国との国交友情の上に好感を与えることができました。敏感な青少年の気宇を闊大ならしめる効果があったことは疑いありません。しかも、この雄壮な気宇も昔風の帝国主義的なものではなく、著しく平和的なものでありまして、ただ、ひたすら人道的ないし科学的に発展進取しようという良い傾向を与えたことは、計画者として秘かに誇りを感じます。

従来、日本人として外国に持ち出してその腕を誇るに足るものは、古美術品を除いて、あまり多くの機会に接することがなかったように思います。日本といえば直ぐ「鳥居や紅提灯」ないし「お蝶夫人」「雪洲のフィルム」を連想されるにとどまるのでは心細い限りである。産業上に発展する地味な努力は、むろん、一刻たりとも怠ってはならぬのでありますが、オリンピック競争にさえ未だ大いに気を吐くに至らざる日本人は、たまには外国人さえ難しがる大きな仕事をして、実際、彼らの目の前にその意気を示す必要が大いにあると思います。今回の計画は決してそんな目的のためにやったのではありませんし、また、飛行キロ数においては、必ずしも、世界的新記録を挙げたわけではありませんが、国民の深い同情と祈願を載せて、ほとんど愛児の初旅にも比すべき初々しい姿ながらに、四人の勇士が三〇〇〇年の昔から伝統した大和魂を一つにして、毅然、正道を履み、いかなる場合にも助け合うという麗しい飛行を続け、飛ぶ者も準備する者も迎える者も送る者も、ただ念ずるところは国のため大君のためという一心不乱の覚悟で事に当たり、その間に一筋の私心も私利もなく、いわんや功名を争うなどの卑しい精神は全く交えず、行く先々で、世界的反響によってその勇名を唱われたということは、世界的飛行も数ある中で、おそらく我が訪欧飛行の如き類例を見出すことができないでありましょう。

例えれば、今回の大飛行は、正に日本航空界の「元服の式」すなわち「成年式」であります。人間の一生に結婚は二度あっても、元服は死とともに一度しかないものです。明治四四年以来、小学校中学校を卒業した航空界は、今回の訪欧の世界飛行によって、元服の式を挙げたのです。

本計画の具体案作成に当って、まず考えなくてはならないのは実施者と使用機と資金であります。実施者は本社専属の飛行士より一人。陸海軍方面より一人。さらに機関士も適任者を煩わすとして、使用機の問題には、第一にいかなる型式がいいかの問題である。できれば日本製機で飛びたいという希望は、もちろん有していたのであるが、遺憾ながら当時の日本製機は、かかる世界的飛行に使用するには、なお試験時代に属するものであった。慎重審議の結果、ドアジー大尉が日本訪問飛行に使用したブレゲー・ロレーン機の優秀な成績に鑑み、これを採用することにした。

資金については、朝日新聞はこのような計画には経験がないため、見当がつかなかった。しかも、世界的に計画を発表した以上、どこまでも計画遂行に努めなくてはならない。ということから、独力で行うのは無理と判断し、有志の篤志を受け付けることとした。ところが、計画発表と共に各方面から寄付の申し出があり、その総額は三五万円の多額に達しました。その結果、経費が予算を四割上回ったにもかかわらず、全経費の二分の一以上を寄付金で賄うことができました。

このような主旨で計画を発表したところ、我が国の航空方面の識者から非常に心配されました。ある方面では「成功の見込みはあるまい。全コースの三分の一でも飛べれば結構だが、ハルビン付近で機を破壊するくらいが落ちであろう」といい、別の方面では「このような日本全体の名誉に関する大事業を一新聞社で計画するのは無謀である。冒険である。僭越である」という非難のような心配の声さえ起こりました。また「飛ぶなら、ぜひ日本機で飛んでほしい」という希望があり、林駐英大使の様に「いったん飛び出す以上は、ぜひ成功してもらわねばならぬ。途中で醜いやり損ねをしては国の名誉にかかわる」との電報を外務大臣に送った例もある。

（欧州訪問大飛行にフランス製機を使ったことについて）「朝日新聞社の全努力はブレゲー会社やローン会社の広告をしてやるようなものだ」といった方が航空業界の有力者の中にもあったようであるが、これは一を知って二を知らない人である。我々の計画の主旨がそんな卑しいことにないのは、大方の人々が理解している。本飛行成功の結果、いわれるようなことをまねいたところで、少しも差し支えないと思います。良い機械を良いとほめるのに何の異議もない筈であります。

また、外国製機なるが故に無意味だというなら、日清戦争に使用した軍艦はほとんど全部、外国製であった。論者は同論法をもって日清戦争の勝利を無意味なりという勇気ありや。満鉄創立当時の機関車はみな米国製でありました。しかし、それがために日本人の開発事業はまったく価値を減ぜぬのである。いくら負け惜しみを言ったところで、一国の飛行工業の幼稚な状態に耳を覆い、その発達に何ら注意を払わないでいて、たまたま飛行計画を批評する際だけ「日本機、日本機」と叫んだところで、真の発達は決して図れないと思います。我々日本国民は今回の成功を第一階梯として、飛行工業に大発展を促さねばならない。我が工業界も日を追って進歩するだろうから、今に純日本機を以って世界飛行を試みうる機会が来るでありましょう。私は一日も早くその到来を待つものであります。それと同時に「発明界に国境なし」、誰の発明であるから使用する、しないをいっている時代ではない。実際的に能率のいいものを使用し、活動能率を上げる者が勝ちである。この点において、国民が心を大きく持ち、万事、世界的に進まんことを切望します。

フランスのドアジー少佐は今年六月、パリ・北京間を僅か八日間で飛行した。デンマークのボドヴェッド中尉はインド経由で日本を訪問、わずか数日休養の後、シベリア経由でコペンハーゲンに帰着。所要時間は一一日間の大記録であった。これらを見て我が訪欧飛行の価値をうんぬんする人もあったようですが、日本の飛行機が優秀となり、飛行士の操縦技術が向上した時、ドアジー、ボドヴェッドに迫ることが必ずしも不可能ではないと信じるのであります。

空界は見るからに青々と澄んでいる。これには一毫の隠蔽、一片の情実請託も許さない。飛行機は、ただ科学の理によって動かされ進められ、神に通じる意志の力によって目的を達せられるのであります。いかなる者も征空の前には真剣である。これほど公明正大のものはない。征空は真の実力である。これに打ち勝つ国民は世界の勝利者である。世界を家とし、地球の南北を隣りとしてこそ、闊大な思想は生まれるのである。科学を基礎として真剣なる征空に成功してこそ、真に堅実な人生の計画はめぐらされるのである。征空の勝者たれ。これは、やがて世界人類向上のモットーたるものであろう。我々は以上の信念をもって人力の限りを尽くし、神々の加護を祈りました。そして、この成功を得ました。科学研究の応用に当たって、宗教を無視せんとするものは大間違いである。飛行は何処までも科学であるが、同時に、自然力のもっとも自由かつ強暴に働く空中なるが故に、人力の限りを尽くして、その上神を祈らねばならない。宙返りの名手、鳥人スミス氏も「飛行は宗教なり」と喝破しておる。これに関係するもの全部が、誠心誠意、一毫の虚偽なき人間最高の精神を発揮し、その精神が神明に通ずる時、ここに冒すべからざる天祐となりて、あらゆる危険妨害を脱して安全を得、同時に、世界的同情を得るのであります。故に、熱誠なる努力を以って周到なる注意を払えば、航空のこと、必ずしも難事業にあらず、「小といえども侮るなかれ、大といえども恐れるなかれ」「科学に立脚して神明に祈れ」これ実に飛行事業の最後の秘訣にして、同時に、あらゆる事業のモットーであります。

（『訪欧大飛行誌』一～二〇頁）

龍平は公私両方の生活で、俗っぽくいえば、「新しいもの好き」であった。経営者としては、新しい発明品を見つけると、徹底的に調査研究させて採否を決めた。その典型が航空事業である。一方、父親譲りの神道に対する信仰心も篤かった。右記の文章を読むと、科学的な探求心と宗教に対する信仰心が龍平の中で融合していることが分かる。私生活では、電気掃除機や電気冷蔵庫を早くから使い、「二つあった茶室を電気掃除機で掃除していたこともあります。和魂洋才でした」と長女の藤子は語っている。

最後の航空事業——学生航空連盟の育成

晩年の龍平が注目していたのは、学生航空連盟の育成であった。「若い人たちに航空を理解してもらうことが大切だし、学生からパイロットを育てる必要がある」と考えたからである。昭和五年（一九三〇）四月、同連盟が設立される直前、後援する朝日新聞社に育成業務を担当する専任社員が必要になった。航空部を仕切っていた美土路昌一（後に常務・編集総務、全日本空輸社長を歴任）が龍平に、加盟する六大学の学生たちも、航空局や陸海軍の関係者も、法政大学の学生である中野勝義が最適任だと推薦しているという情報を伝え、「ただ、入社試験をしている時間がありません」というと、龍平は「皆さんがそのように推薦するなら、試験などする必要はない。そのまま航空部員として、学生航空連盟の育成の仕事に専念させなさい」と答えた。中野はその後、航空部次長、戦後は全日空専務として大活躍した人物である。

学生航空連盟の加盟校は短期間で一八校に増え、学生たちは彼らだけによる訪欧飛行を企画し、猛練習に入った。練習成果は目覚ましく、法政大学学生で、パイロット免許を持っていた栗村盛孝の操縦による「青年日本号」は六年五月、東京飛行場を出発、朝鮮半島経由、シベリア・コースを飛んで、モスクワに向かった。しかし、モスクワの手前、約三〇〇キロの地点で機体が故障して不時着、修理不可能となったので、飛行を打ち切った。

学生航空連盟は飛行機の操縦訓練や、グライダー選手権など航空スポーツの分野で活発な活動を続け、二〇年の敗戦まで存続した（のち昭和二七年六月に「日本学生航空連盟」として再出発した）。

「初風」「東風」の訪欧飛行については、重要なことを一つ付け加えなくてはならない。龍平が『大飛行誌』で触れているように、この訪欧飛行に日本製ではなくフランス製の航空機を使ったことに対して、国内で厳しく批判された。龍平にとって、これほど悔しかったことはない。国産機を使いたいと最も考えていたのは龍平自身だったからである。しかし、龍平の無念は一二年後に後輩によって晴らされた。朝日新聞社は昭和一二年四月、三菱重工業製の「神風号」で東京―ロンドンの往復飛行に成功しただけでなく、所要時間の世界新記録を樹立したのである。

第二回訪欧飛行の指揮を取った美土路昌一（当時、常務・東京本社編集局長）は、「航空報国は朝日新聞の社是の一つであり、龍平社長は国産機による訪欧飛行の実現を死ぬまで考えていた。私たち、後輩の手で実現できて、社長も満足してくれただろう」と後日、話している。

2　甲子園野球を開催する

日本人は米国人に次ぐ野球愛好国民である。最近は、サッカー人気に押され気味であるが、青少年時に野球のボールやバットを手にした経験のない人は少ないのではないだろうか。

一口に野球といっても、町の広場で子供たちがする草野球からプロ野球までさまざまだが、規模が最も大きく、全国の国民を興奮のるつぼに投げ込むのは毎夏の「甲子園の高校野球」である。大正四年（一九一五）、「全国中等学校優勝野球大会」として発足した時の全国の参加校は七〇校程度に過ぎなかったが、近年は全国津々浦々の三八〇〇校余に達している。この国民的行事の開始についての話し合いがたまたま同年初夏、大阪朝日新聞社内で行われた。

「大会開催」はわずか三〇分の最終協議で決まる

当時の新聞各社には運動部がなく、社会部の中に運動に通じた記者が一、二人いる程度であった。『大阪朝日新聞』の場合、野球に詳しいのは田村省三だけ。その田村を箕面有馬《みのおありま》電気軌道（箕有《きゆう》電鉄、阪急電鉄の前身）の開発担当社員、吉岡重三郎（戦後に東京テアトルを創業）が訪問したのは六月下旬の午後のことであった。吉岡は「我が社で豊中に大きなグラウンドを建設したのだが、使用率が上がらなくて困っている。朝日新聞で毎年、大規模の野球大会をやってくれると有り難いのだが。できれば中等学校がいい」と提案した。田村も同じようなプランを抱いていたので、賛成はしたものの、莫大な経費のことを考えると、安易に同調はできない。それでも「社会部長に相談してみようか」と答えた。田村はそれ以前に、京大野球部員の高山義三（のちの京都市長）や旧制三高野球部主将の小西作太郎（のちに大阪朝日新聞に入社、常務など歴任）から「中学生のための京津野球大会か全国大会を大阪朝日新聞でやってくれないか」という働きかけを受け、基本的には賛成していたのである。

社会部長の長谷川如是閑は「スポーツの純粋なアマチュアリズムは青少年の精神教育のために重要だ」と考えており、当時の『朝日新聞』がスポーツにあまりにも無関心であることに、不満を抱いていた。だから、学生の間に急速に広がっている野球の大会開催提案を龍平や上野にぶつけてみるのも面白いと考え、田村とともに役員室に駆け上った。

役員室には龍平、上野と営業局長の小西勝一がいた。長谷川と田村の話を聞くと、龍平が「よくわかった。善は急げというから、すぐ準備にかかるがよかろう」と応じた。小西も「吉岡さんが下にいるなら、すぐ会いたい」と言い出した。小西と吉岡の交渉もトントン拍子で進み、空前の大野球大会をこの年の八月中旬に開幕することで合意した。この間、吉岡が田村に会ってから大阪朝日新聞社の玄関を出るまで、わずか三〇分であった。一時は、吉岡が「今年八月開催では、余りにも準備期間が短いのではないか」という点と、「一万円以上に上る巨額の大会経費を両社で負担するのは困難ではないか」という点で躊躇したが、小西が「朝日新聞は全国に組織を持っているから、準備は短期間でできる」「会場経費以外の全経費は朝日新聞が負担する」と押し切った。

当時、箕有電鉄を取り仕切っていた専務の小林一三《こばやしいちぞう》も仕事の早さでは一流の男であったから、吉岡の報告を聞くと、社内を一気にまとめ、「全国中等学校優勝野球大会」の誕生はこの日のうちに決定してしまった。

それにしても、巨額の経費支出を強いられる全国規模の野球大会の開催を、なぜ龍平があっさり承諾したのか。それには、龍平流の深謀遠慮があったようである。

龍平は剣道には秀でていたが、野球を含む西洋流スポーツには、もともと関心が薄かった。明治末期から大正初期にかけて野球ブームが起こった時も、興味を示さなかった。それどころか、明治四四年八月から九月にかけて、『東京朝日新聞』が「野球とその害毒」と題する強烈なネガティブキャンペーンを張ったことに対しても黙認したほどである。その龍平の野球観を変える二つの要因があった。

一つは、「日本の子供たちは野球が好きであり、学生野球を中心とする野球ブームは今後、さらに広がってゆく」という龍平独特の洞察である。龍平は二、三年前から学生野球についての研究を秘かに進めていた。もう一つは、小西からの「新聞の拡張に野球ブームを利用しない手はない」というアドバイスだ。当時、『朝日新聞』は夏になると発行部数が減少する傾向があり、販売部門の責任者の小西は「できるだけ早く夏の減紙対策を打ち出さなくてはならない」と龍平に訴えていた。小西が野球に関する企画を対策の第一候補に挙げたのは、当時、販売競争で『大阪朝日新聞』を急追していた

『大阪毎日新聞』がスポーツ企画、とりわけ、テニス、陸上、水泳、相撲などの企画で先行していたからである。

このほかに龍平は、関西中等野球大会の世話役だった佐伯達夫《さえきたつお》(後に高野連会長)や旧制三高野球部長の中沢良夫(同)からも、「全国規模の中学の野球大会を開いてほしい」という要請を受けていた。

これらの要素が、長谷川と田村から中等学校野球大会の説明を聞いているうちに、龍平の頭の中で瞬間的に一つにまとまったのである。

朝日主催の最大の年間行事に育てる

少し前までは、野球について関心も知識もほとんどなかった龍平であるが、大会開催が決まると動きは早かった。組織づくり、野球ルールの整備から地方予選の実施まで、陣頭指揮を執った。七月一日には朝刊一面に三段ボックス入りの大社告「本社主催・全国優勝野球大会、来る八月中旬、豊中に於いて挙行、各地代表中等学校選手権仕合」を出し、八月一八日の開幕試合には、紋付、袴にパナマ帽のいでたちで、自ら始球式を行った。ボールはワンバウンドしたが、捕手のミットに収まった。二日間の練習の成果である。

社告の要旨は次の通りである。

「野球が我が国に渡来して、まだ大した時間は立っていないが、今日のような隆盛をみるに至ったのは、野球が男性的で、その興味と技術が著しくわが国民性と一致しているからである。特に中学程度の学生の間に最も盛んで、東海五県大会、関西大会などをはじめに、聯合大会が生まれている。しかし、まだ全国の代表的健児が一場に会してはつらつたる妙技を競う全国大会はない。本社はこれを遺憾とし、夏季休暇中の八月中旬に全国各地方の中等学校野球大会で優勝した学校を大阪に招き、豊中グラウンドで全国中等学校野球大会を行ない、選手権を争ってもらおうというものであります。

（『大阪朝日新聞』大正四年七月一日付一面）

第１回全国中等学校優勝野球大会で始球式をする村山龍平（右）（大正４年８月18日，豊中グラウンドにて）（朝日新聞社蔵）

大会は年ごとに人気が上昇し、観衆も増加したため、次第に広い球場に移った。第三回大会から鳴尾球場、第一〇回大会からは五万数千人を収容する甲子園球場を使用するようになった。阪神電鉄が日本一広い甲子園球場を一〇回大会直前に完成した時には、「永遠に満員にならないのではないか」という声が朝日、阪神両社の中からも出たが、実際には、大会四日目には満員札止めとなった。これで龍平の「甲子園の野球大会を朝日新聞の年間行事で最大のものとする」という覚悟は固まった。

また、小西の思惑通り、夏に購読者が減る傾向はストップし、中等学校野球の期間、他の新聞の購読をやめて、『朝日新聞』に切り替える読者が激増した。『大阪毎日新

完成間もない甲子園球場（大正13年8月）
（朝日新聞社蔵）

聞』がたまりかねて春に選抜大会を始めたのは大正一三年であった。

全国中等学校優勝野球大会は大正七年に全国的に起きた米騒動で、また昭和一六〜二〇年には太平洋戦争のために、合計約五年間、中止を余儀なくされたが、その他の期間は「日本一の野球大会」の地位を保持し、平成三〇年（二〇一八）に一〇〇回大会を迎える。

百年の歴史を彩るさまざまなエピソード

甲子園野球は若人らしい真剣なプレーと、勝敗の帰趨が最後まで分からない熱戦で、毎夏、国民的な人気を呼んでいるが、同時に、一世紀の歴史はさまざまな興味あるエピソードで彩られている。そのいくつかを紹介しよう。

・深紅の大優勝旗はどうしてできたか——大会開催が決まると、朝日新聞社は高島屋を呼んで、大優勝旗を昼夜兼行で制作し、一カ月先の開会式に間に合わせるよう注文した。この優勝旗は縦三尺五寸、横五尺の黒みがかった深紅の皇国織りで、燦たる金糸の刺繡を施したものである。中央の旗銘はラテン語で"VICTORIBUS PALMAE"（勝者に栄光あれ）と記されている。当時の日本スポーツ界で最大の優勝旗であった。

・多くの賞品――第一回大会では、遠来の選手たちに朝日新聞社などから多くの賞品が贈られた。これは、当時、他のスポーツ大会で賞金を含む多額の賞品が贈られていたからである。具体的には、優勝チームの選手全員に銀製の優勝メダルと腕時計、図書切手。優勝チームにスタンダード英和大辞典、準優勝チームに英和中辞典。さらに、各チームの最も優れた選手に個人賞を贈った。しかし、第二回大会からは純粋なアマチュアリズムを尊重する立場から見直されることになり、優勝旗と優勝メダル以外は全選手に大阪名物の粟おこしを一包づつ贈るだけとした。

・滞在費も負担――第六回大会までは、全国大会出場校に交通費だけを朝日新聞社が負担していたが、第七回大会からは大会中の滞在費用も負担することにした。財政逼迫で出場できない代表校が出る恐れが出てきたためである。

・過熱する応援――大会の人気が高まるにつれ、地方予選で審判の判定に対する強硬な抗議が増えた。第八回大会の東海、松山など四つの地方予選では、抗議とファンの激高のため、予選が順調に運営できなかった。

・大会参加資格を厳格化――チームの戦力強化のため、有力な選手をわざと落第・留年させる例が出てきた。また、健康状態の悪い選手を試合に出場させる学校も増えてきた。このため、選手の参加資格規定を改正し、故意の落第・留年選手と、校医が選手の健康状態を証明できない場合は、選手の出場を停止することにした。

・祝賀飛行で華やかな開会式――第九回大会では、開会式に八機の航空機が飛来、華やかな演出を行った。そのうちの本社機の一機は、小箱入りの新球を投下し、始球式はこの新球を使って行われた。

・応援団の禁止――応援団は学生野球の華の一つである。このため、鳴尾球場では一チーム一五〇席、甲子園では四〇〇席の応援席を用意した。しかし、応援団が相手チームを罵倒したり、地元チームだけ一方的に応援するケースが増えたため、「スポーツマンシップにもとる」という理由で、第一三回大会から当分の間、応援団を禁止した。この措置は厳しすぎるようにも感じられるが、精神面を非常に重視するところが、他の学生野球とも違う、全国中等学校優勝野球大会の特徴であった。

これらのエピソードは龍平が存命中のものだが、アマチュアリズムを尊重した、日本独特の中等野球（現在の高校野球）が、どのように進化してきたかをうかがい知ることができる。アマチュアリズムを育てたことで有名なのは佐伯達夫・元日本高校野球連盟会長や、「学生野球の父」と呼ばれる飛田《とびた》穂州《すいしゅう》だが、彼らの働きを陰で支えたのが龍平である。

龍平は「甲子園野球」の創始者であるばかりか、そのためにさまざまな貢献をしているにもかかわらず、野球殿堂入りしたのは平成二七年（二〇一五）一月と非常に遅かった。その理由は、村山家や朝日新聞社が殿堂入りに関心が薄かったのに加えて、日本における野球関係者の評価がプロ野球に偏っていたことがあるようである。

中等学校野球大会で新聞事業におけるスポーツの重要性を理解した龍平は、その後、陸上競技やテニスにも力を注いだ。企画や報道で重視したのはスポーツの精神面と、純粋なアマチュアリズムである。

龍平の横顔5　自分のことは自分で

龍平はまめな男であった。日常生活でも人手を借りるのを好まなかった。室内にあるものを取る場合でも、家族や女中に頼むことはほとんどなく、自分で立って取りに行った。一〇〇口《ふり》近くあった刀剣の手入れも、よほどのことがない限り、時間を割いて、コツコツと自分でやった。

高齢になって自宅にいる時間が増えてからは、雨戸の開閉や薪割りを進んでやっていた。

旅行は好きだった。しかし、なるべく供を連れず、自分一人か、自分と家族だけのことが多かった。そして切符も自分で買った。私的な旅行の切符を秘書に買わせることはまったくなかった。車内でも、細かいことはすべて自分で処理した。

したがって、高齢になり、体調がすぐれないことが増えてからは、供に迷惑をかけるのを嫌って、ほとんど旅行に出掛けなくなった。

このような立ち居振る舞いは青少年時代に身についたものであろうが、それが龍平に晩年まで武士の香りを残したのだと思われる。

第六章　美術愛好家、茶人として

1　美術と茶道への関心

本格的美術記事を載せた新聞第一号

明治時代前半、草創期の日本の新聞は、大新聞も小新聞も、美術にほとんど関心を持たなかった。読者の無関心が最大の原因であろうが、新聞経営者や新聞記者の多くは、この時期、日本の美術が歴史的危機に陥っていることを、あまり理解していなかった。比較的早くから日本の文化財の価値に目を向けていたのが、龍平と上野理一の二人であった。

龍平の美術への審美眼は、一四、五歳頃からの刀剣研究で養われていた。単に刀剣を鑑賞するだけではなく、故郷の主だった刀鍛冶を訪ねて、刀の打ち方まで学んだ。一方、上野は子供の頃から茶道を習得し、長じては漢学作詩から美術の道に入った。両人は日本の古美術の保護と新美術の奨励に力を注いだ。世界最古の美術月刊誌、『國華《こっか》』（朝日新聞出版発行）の存続も二人の支援抜きには考えられない。

日本の新聞に美術記事が載ったのは明治一八年（一八八五）六月五日付『大阪朝日新聞』が最初である。農工商公報に載った古美術の伝統保護と伝承の奨励に関する記事を抜粋した特集記事だ。明治二二年一月には、全国の社寺の古宝物取り調べ委員長であった九鬼隆一《くきりゅういち》の演説筆記が掲載されている。

同年一一月には、次のように『國華』創刊号が紹介されている。

「この雑誌は何人の主唱にかかるを知らず、九鬼隆一、フェノロサ、ビゲロー、岡倉覚三《おかくらかくぞう》、川崎千虎、黒川真頼、今泉雄作諸氏の名の列するを見れば、以ってその性質、目的を察すべし、約言すれば、国粋保存と美術進歩とを目的としたる雑誌なり。それ保存は進歩の基礎、進歩は保存の結果なり、この二性質、最も美術に必要なり、この雑誌これを兼ねそなえたるにちかし、挿画は応挙、正信、光長、又兵衛等の画と興福寺金堂なる無著菩薩塑像の写真画と応挙印譜等を掲げたり、この彫刻着色等の妙、来今は知らず、往古は未だ見も及ばず真に人目を驚かすに足れり、殊にその注意を感ずるは、画あれば必ず伝あること是なり、記事の有益は論をまたず、今日にては先ず南面して美術雑誌の王と称さるべし」

『大阪朝日新聞』はその後も、美術展の批評記事を多数、掲載している。また龍平は、東京の財界人によって二七年九月、組織された美術育英会に関西代表として参加した。この会のメンバーは益田《ますだ》孝《たかし》、三井八郎次郎《みついはちろうじろう》、原六郎《はらろくろう》、馬越恭平《まこしきょうへい》、森村市左衛門《もりむらいちざえもん》、岡倉覚三ら一流の人物ばかりである。この会の目的は美術家と鑑賞家の育成であったが、メンバーの大半は当時の有力な収集家でもあった。この頃、龍平も仏画を中心に収集に努めていた。

橋本雅邦「龍虎図」の落選にかみついた『朝日』

明治二八年、京都で開かれた第四回内国勧業博覧会の美術展で、新進画家の橋本雅邦《はしもとがほう》の「龍虎図」（屏風一雙）が問題となった。誰もが傑作と認めたが、伝統形式を超越していたため入賞しなかったのである。

それを聞いた高橋健三は、審査官があまりにも風俗平凡で、近代的絵画の鑑賞能力を欠いているのを嘆き、八月四、七両日にわたり、「受賞後の美術館」と題した社説を書くように内藤湖南《ないとうこなん》に命じ、湖南は、「これ雅邦の龍虎図が審査官に落第したものにあらずして、審査官が龍虎図に落第したるなり」と痛烈に喝破した。龍平も湖南を支持し、編集責任者として、内藤論文の末尾近くに二号活字を使って、「左券を百世の後に貽す」（前後の文章の脈略から推測すると、「百年後に事が定まった時、あの明治時代の審査官には眼力がなかったと憫笑されるのは間違いない、と断言する」の意）と付け加えた。

新聞における、このような美術の重視は画期的であり、この紙面は龍平、上野という美術の理解者が揃っていたから実現したに違いない。これは当時の大新聞から「砂漠新聞」（「紙面は広いが、内容は何もない」の意味）と軽蔑された『大阪朝日新聞』の反撃であり、新基軸でもあった。

内藤湖南の怒りの社説、「受賞後の美術館」の核心部分の要約は以下の通りである。

〈審査官の落第、百代の公論〉

絵画は写実写生をもって目標にすべきでない。したがって、描いた対象物と画が似ているかどうかで、絵画の良しあしを判定すべきでないことは、あの審査官も知らなくてはならない。それなのに、雄渾偉大の傑作には何の褒賞も与えず、「釈迦羅漢図」という凡作に一等賞を与えたのは、写生主義に幻惑されたか、一時的に心頭が攪擾したのか、絵画の大本領を亡失してしまったのか、そもそも優れた「龍虎図」が審査官の眼識を超えていて、傑作をコントロールすることができなかった、ということは、「龍虎図」が審査官に落第にされたのではなくて、審査官が「龍虎図」によって落第にされたのである。橋本雅邦氏は自らの絵を今のためにではなく、永遠の美術のために描いているから、今回の結果について冷笑しているに違いない。彼の精神を理解している人に百年後に会えば、古今に卓絶した大作と評価されることを知っているからである。

〈審査官選任の失当〉

（今回の勧業博覧会美術展覧会のケースは）間違いなく審査官の選任の失敗である。美術の鑑裁は審査の最も難しいところであり、審査を素人に任せれば、美術家の苦労が分からない。専門家に任せればいいようなものであるが、専門家も必ずしも審査に精緻でなく、耳食の徒や一知半解の輩が案外多い。しかし、百年に一つというような傑作を見逃すようでは、鑑裁の質の悪さや審査官選任の失敗は言を俟たない。よく、美術に進歩がないといわれるが、私は疑う、それは、美術が進歩しないのではなくて、今日の審査をする側が、進歩を認識する能力に欠ける、美術が振るわないのは作家の罪ではないと、私は信じる。

美術界の在り方について、ここまで厳しい批判を呈する例は、今日でも珍しい。高橋が例外的存在になりえたのは、古代からの美術について誰にも負けない知識を持っており、明治初期から中期にかけて、古い美術品が社寺や武家から二束三文で売られているのを見て、強い危機感を抱いていたからである。その高橋に信条吐露する場を与えたのが龍平と『大阪朝日新聞』であった。

高橋はその後も美術評論や美術論を次々に発表したが、高橋が朝日新聞を去った後は、瀧精一《たきせいいち》（後の東大文学部長）、浜田青陵《はまだせいりょう》（後の京大総長）、内藤湖南、沢田専太郎（後の京大教授）らが活躍した。なかでも、高橋の甥である瀧精一は、明治三五年、朝日新聞客員に就任、「画界革新主義の誤用」「美術家堕落の徴」「国立美術館設置の必要」などの数多くの美術論を掲載した。また、明治時代末期から國華社の経営に参画し、昭和二〇年まで、その重責を担った。さらに、龍平が美術品収集するにあたっての貴重なアドバイザーであった。

時の経過とともに、『朝日新聞』の美術分野における活動は多彩になっていく。明治三一年の日曜付録の挿絵には、竹内栖鳳《たけうちせいほう》、横山大観《よこやまたいかん》、下村観山《しもむらかんざん》を起用、まだ有望新人の域にいた将来の巨匠たちにスポットライトを当てて、新聞としての見識を示した。

美術展を自ら主催する活動にも着手した。大正八年一月、國華社がインドに派遣し学術調査団が収集したアジャンタ石窟壁画の模写の展示会を大阪で開催した。これが、朝日新聞社が主催した美術展

遺愛の衛府太刀と備前国正恒作（香雪美術館蔵／朝日新聞社提供）

の初めての例であった。続いて、やはり大阪で開催し、フランス印象派の傑作を紹介した「仏国近代絵画彫塑展覧会」も成功した。東京朝日新聞社が主催し、一七万人を集めて大成功した「明治大正名作展覧会」は昭和二年のことである。

龍平の収集は刀剣から始まった

龍平の美術品愛好は刀剣から始まった。まだ一〇代で、故郷の伊勢・田丸の刀鍛冶を回るなどして研究を開始していたが、刀剣の収集を手掛け始めたのは、大阪朝日新聞社社長に就任後の明治一五年頃からである。京都の寺社や料理屋で開かれる鑑定会や、取引をする刀剣会には、月に三回程度出かけた。鑑定会には朝から晩まで出席して、鑑定に真剣に取り組むことが多く、その結果、鑑定能力は著しく向上した。だが、鑑定成績には淡白で、他の人と争うことはなく、間違っても「ああ、そうか」というだけであったという。

明治一七年からは東京の刀剣会にも出かけるようになった。かなり積極的に買っていたようで、最終的には、愛玩したものだけで好みの「村正」を中心に六〇口《ふり》、重要美術品も一〇口に達した。

収集した刀剣に関しては、晩年のことだが、興味あるエピソードがある。龍平は赤穂浪士の原惣右衛門が使った脇差を所有していた。そして、ある年末、刀好きの客を招いて、これを見せる茶会を開いた。この客の中に、大阪毎日新聞社社長の本山彦一がおり、この刀を見て、「不思議なことに、この刀の箱が以前から私の元にあるが、中身なしの箱だけなので、義士関係のものでもあり、私は久しく中身を探していた。いま、はからずも村山さんのところで拝見して、大いに年来の渇を医しえたのも不思議な縁である。しかし、刀と箱は必ず一緒に揃えておくべきものだから、私の箱は村山さんに進ぜましょう」と申し出て、龍平も「それは幸いのことである。有難く頂戴しよう」と応じた。その後、龍平が刀を箱に入れてみるとぴったりだったという。

ちなみに、この刀は、原惣右衛門が討ち入り前、大阪に閑居していた際、瓦屋町の西村某から金を借りた時に抵当に入れたもののようである。

仏教美術から絵画収集四〇年

刀剣から始まった龍平の収集は、仏教美術、中国の石仏と絵画、日本の仏画、文人画、南画と分野が広がり、明治二〇年代から大正時代中期までにコレクションはほぼ完成した。そのうちの優れた絵画の一覧は次の通りである。その大部分が、龍平が収集した美術品の図録である「玄庵鑑賞」にリストアップされている。どんな絵画か簡単に説明しよう。

・梁楷《りょうかい》筆「布袋図」——梁楷は中国の南宋時代の、表現を簡単にする減筆法の名手で、「布袋図」

はその代表作の一つ。縦二尺六寸七分、横一尺八分五厘の紙本墨画。布袋の姿が踊っているように見えるところから、「踊り布袋」とも呼ばれる。足利義教の、いわゆる東山御物《ひがしやまぎょぶつ》で、後に尾州徳川家に伝わったとされる。龍平は明治二〇年代に購入した。関西骨董界の横綱格の逸品。

・「涅槃図」（東京国立博物館蔵）――これは縦五尺一寸二分、横六尺六寸九分の、やや横長の絹本《けんぽん》着色《ちゃくしょく》画の掛幅である。図様は、例によって、沙羅双樹に囲まれた寶台に横たわる釈尊が中心になり、寶台の周りには悲嘆にくれる菩薩や十大弟子などを描いたものである。平安時代の作品と見られる

・「病草紙《やまいのそうし》」残欠――「病草子」の一段の残欠である。とある家の中で男が鉢巻をして寝ている。男の頭を半円形に囲んで紙衣を着た小人が踊っている。男は熱病にうなされているのであろう。題材も表現も面白い。平安時代末から鎌倉初期の作品。

・「稚児大師像」――弘法大師が五、六歳の頃、夢の中で八葉蓮華に座り、諸仏と物語をしたという大師伝中の説話を描いたもの。縦二尺五寸四分、横一尺三寸の絹本着色画。幅の中央に大きな円相があって、その中に童形の大師が描かれている。品格はいかにも高い。筆者は歌道、画道の両方に秀でた藤原信実《ふじわらののぶざね》とされる、稀に見る優品である。

・「聖徳太子像」――太子の御影にはいろいろの形式があるが、これは父の用明《ようめい》天皇の病気平癒を祈る一六歳頃の姿を写した「孝養蔵」といわれるものである。有名な仁和寺《にんなじ》の「御影」を写したものと思われる。

・「二河白道図《にがびゃくどうず》」――これは善導《ぜんどう》大師の散善議中の中にある願往生心をすすめる二河白道の譬を図に示したもの。村山家本は中央に水火二河があり、その周辺に、さまざまな人と、人生のあらゆる場面が描かれている。善導所説の極めて忠実な説明で、上部の浄土の荘厳も、下部の火宅の諸難も細かく描き尽くされ、技巧も凡手ではない。鎌倉末期の作であろう。

・「春日鹿曼荼羅」――春日明神は藤原氏の氏神で、昔から広く信仰されてきた。都が奈良から京都へ移ってから「春日宮曼荼羅」とか「春日社寺曼荼羅」といったものをつくって、地方でこれに向かって祈りを捧げるようになった。村山家の「鹿曼荼羅」では、雲の上に一頭の白鹿が立ち、その背の上にある大きな円相の中に、五体の仏の立ち姿が描いてある。画法は謹厳かつ優秀。製作は室町時代である。

・伝周文《しゅうぶん》筆「湛碧斎図《たんぺきさいず》」――縦四尺二寸七分、横一尺九分の水墨画で、上部に横書きの篆書で湛碧斎の三文字があり、室町時代の臨済宗の僧、愚極礼才による賛がある。この軸が誰によって画かれたか、賛にも明記されていないが、その巧みさから、周文筆とみなしてもいいのではないか。周文は我が国の水墨山水画の祖で、雪舟の師といわれる、室町時代の偉大な画家である。

・「堀江物語絵巻」――下野塩屋国の城主、堀江左衛門頼方の数奇のファミリーストーリーを、織田信長に反逆した荒木村重の子として自身も数奇な運命を辿った岩佐又兵衛《いわさまたべえ》が極彩色の絢爛たる絵巻に仕上げたとされる。岩佐は浮世絵の祖ともいわれる。

志野茶碗「朝日影」
（香雪美術館蔵／朝日新聞社提供）

これ以外にも龍平の収集した美術品は、仏教関係を中心に多数に上る。なかでも、入唐した智証大師が写しを持ち帰ったといわれる「胎蔵図像」と、北魏の石仏は貴重である。

茶道にのめり込み、「数寄者」になった龍平

龍平は五〇歳を超えるまで、すなわち明治三〇年代前半まで、茶道にはまったく関心がなかった。日常生活でも茶は口にせず、白湯しか飲まなかった。「自分は茶を飲むと、胃の調子が悪くなる」と信じていたからだ。後に龍平の茶道の師匠になる藪内節庵から「そんなはずはない。病院で調べてもらった方がいいですよ」と忠告されて、早速、寝具一式を車に積んで京大病院に入院したところ、「お茶の弊害はまったくない」との診断を受け、茶道にも気持ちが動き始めたようだ。龍平はすべてのことに一点集中型であるが、茶道についても同じであった。龍平は当時、航空機事業の拡大のために超多忙であった。しかし、毎日、午前九時から二時間を節庵から茶道の作法を習う時間にあて、午前中の訪問客にはすべて、「午後、会社でお会いします」と、玄関払いを食らわせたという。

それにしても、明治・大正時代の有名政治家や経済界の大物が、美術品収集の実績が進むに従って、茶道にのめりこみ、「数寄者《すきしゃ》」となっていくのは、なぜであろうか。この時代の茶道の歴史に詳しい熊倉功夫氏は、この点について次のように解説している。

「日本の美術品は西洋の美術品と決定的に違う。日本のそれは『道具』であって、使い勝手によって価値が生じるのであり、単なる観賞用の西洋美術とは性格が異なる。たとえば、西洋であれば、名画を一年中、部屋に掛けておくことはごく自然なことだが、光琳の燕子花図屛風を季節外れの秋に座敷に置くことはあり得ない。つまり道具なのだから、時、処、位によって、取り換えられることで生きてくるのである。その生かし方の体系が茶の湯であった。明治のコレクターたちは、美術から入って、結局、茶の湯にたどりつかざるを得なかった。このようにして誕生したのが、あくまで趣味として茶の湯を楽しむ政・財界人の富裕な人々、すなわち、数寄者たちである。

ただし、ここで一言しておかなくてはならないのは、彼らの『楽しみ方』が尋常ではなかったことだ。数寄とは好きの当て字である。しかし、数寄と書く時のそれは、生半可の好きではない。求めてやまぬ執着に近い好きである。中世の辞書に、「数寄とは僻愛の意」とあるが、まさに道具と茶の湯がとことん好きでたまらない人が数寄者である」

（『近代数寄者の茶の湯』六〜七頁）

龍平は五〇歳を過ぎて、新聞経営者として脂の乗り切った時期を迎えるとともに、一方で、数寄者として人生を楽しむ境地を深め、茶人としての活動を活発化させていった。明治三五年（一九〇二）には、節庵の助けを借りながら、藪内流の兄弟子でもある上野理一、大阪財界のリーダーの一人、藤田伝三郎とともに、財界人を中心とした茶会、「十八会」を組織した。メンバーは住友吉左衛門《すみともきちざえもん》、松《まつ》本《もと》重太郎《じゅうたろう》、嘉納次郎右衛門《かのうじろうえもん》、嘉納治兵衛《じへえ》ら一八人で、持ち回りで茶会を催した。会の目的は、お互

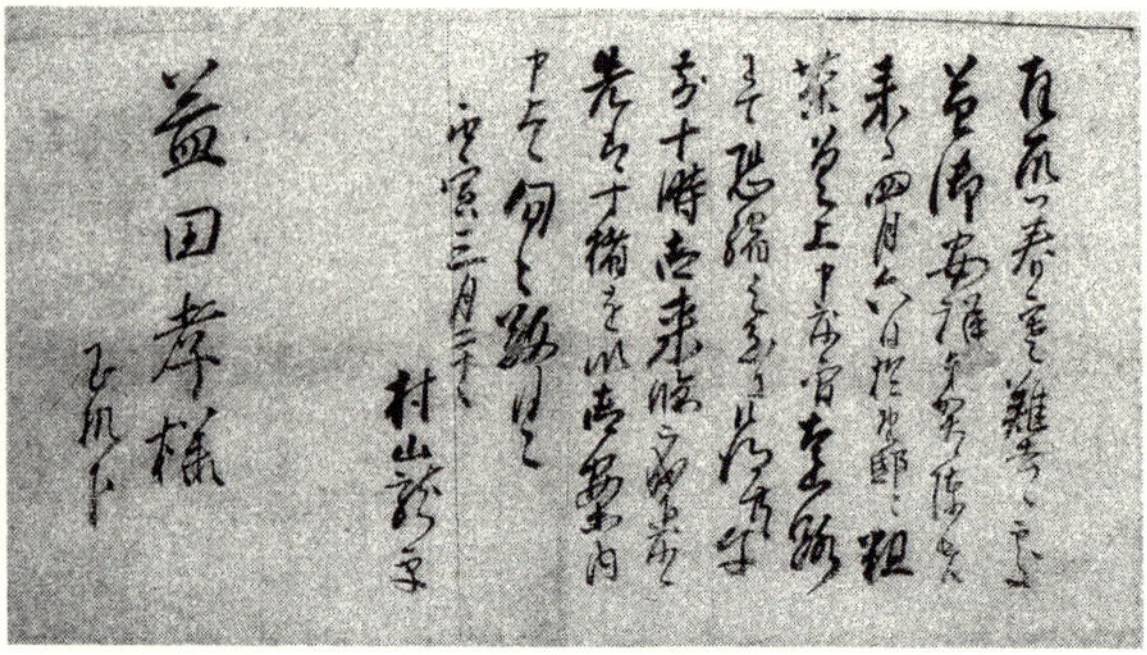

益田孝への書簡（香雪美術館蔵）

いの古美術コレクションを鑑賞し、学ぶことであった。龍平は同年三月の三回目の茶会を受け持ち、伊賀花生、宗達筆「春秋屏風」、雪舟筆「山水図」などの優品を使用した。この会は良い雰囲気を持つ会として評判であったが、日露戦争が接近し、社会が不安定になったこともあって、一巡後に中断した。

　龍平はその後も多くの茶会に積極的に参加している。京都の光《こう》悦《えつ》寺《じ》で各界から多くの数寄者を集めて開かれていた光悦会や、明治四一年、節庵を中心にできた篠園会などには、長期間にわたって、しばしば顔を見せている。関西の茶会は、東京に多かった高踏的な少人数の茶会と違って、経済人ばかりでなく、茶道各流派の関係者が幅広く集い、茶会の後には祇園に繰り出したり、多様な懐石料理を味わったりしていたので、芸能や食の文化を共有する場としても活用されていた。龍平も茶会で、日常的な活動では接触できない異なった世界の人々と交流を楽しんでいたのではないだろうか。

　また、龍平が自宅を建てた神戸の御影《みかげ》・住吉の山手地区は、明治時代後半から大正時代にかけて郊外住宅地として発展した。龍平は明治三三年頃、誰よりも早く数千坪の広大な土地を取得し、日本家屋と洋館の住宅を建設、日本家屋の中に自らの号にちなんだ二つの茶室「玄庵《げんなん》」「香雪《こうせつ》」を設えた。この地には、その後、住友本家、野村財閥・野村徳七《のむらとくしち》、日本生命社長・弘世助三郎《ひろせすけさぶろう》、東洋紡社長・小寺源吾《こでらげんご》、鐘ヶ淵紡績社長・武藤山治《むとうさんじ》、大林組社長・大林賢四郎《おおばやしけんしろう》が邸宅を建設し、そのほとんどに、茶室をつくった。これが阪神間の茶の湯の交流をさらに盛り上げた。

「数寄者の香雪」から滲み出る深い人間性

人間、誰でも、組織の中などで働いている時は、ある制約の範囲で行動している。しかし、いったん仕事から離れ、とりわけ趣味の世界に生きる時は、人間性豊かに行動することができる。龍平の場合も、新聞社社長としては、礼節を重んじた行動に終始したが、古美術や茶道の世界に生きる時は、豊かな人間性を発揮して、接する人々を和ませた。龍平の人間性とは、どんなものであったかについて、かつて龍平と親しかった茶人や古美術商の回顧談は楽しいものが多い。

〈藪内節庵〉

道具を買われるようになったのは、村山さんと上野さんでは一〇年以上も異なっており、村山さんの方が遅れています。村山さんは初めは、仏画と刀剣を買われたが、上野さんは茶器の方を先に買われた。上野さんがお茶を始められたのは明治二四、五年頃からだと思う。村山さんは茶道具を買われる時には必ず私を傍に置かれた。それは、私が傍におれば性の悪いものは売らぬだろうと思われたからで、私もいわず語らず、そうだろうと想像して、必ず傍に居った。村山さんは初めは白湯しか飲まなかったが、上野さんは飲んだ。お茶の道具も自分で勝手に買われた。

明治の初年、村山さんが大阪に来られた時、松阪の小津清左衛門という人から植村平兵衛に宛てた紹介状を持ってこられた。小津という人は応挙のものを好かれた金持ちで、植村は応挙の掛物が出ると、直ぐ松阪の小津に持って行った。つまり、植村のお得意先である。その人の手紙を持って村山さんが植村を訪ね、そして京町堀で家を借りようとしたが、保証人がないと貸さないので、植村に頼んだが、容易に保証してくれなかった。また、親類になってくれと申し込まれたが、その頃の村山さんはまだ若くて、大阪人から見ると、壮士という感じだったので、植村は、こんな人と親類になってたまるものかと、頑として聞かなかったという話が残っている。

インドの詩人タゴール（ラビンドラナート・タゴール。アジア初のノーベル賞受賞者）が来阪した時、日本の「お茶」を見たいと注文した。それで村山さんが私を呼ばれて、「あなたの正式のお茶でタゴール氏を招待してくれ」というので、御影の村山邸でお茶の席を催した。タゴール氏は器物をいちいち手に取って、しきりに見ていたが、その中の茶入れに利休の花押があった。それを村山さんが「利休の『花押』」といわれたのを、通訳が『顔』と訳したので、タゴールはそれを何度もひっくり返して見ている。私もタゴールが何をしているのかと不思議に思っていると、タゴールがとうとう終いに「どう見たら顔に見えるのか」と質問した。そこで初めて通訳の間違いと分かり、「花押というのは利休のサインだ」ということで合点がいったが、大笑いだった。

村山さんは、師弟の関係については、非常に厳格に守られた。村山邸に茶室ができた時分に「所作は碌なことはできないが、お茶だけはうまいものを飲ませたい故に、あなたに午前九時から一一時まで手を開けてもらいたい」というのである。その時、あたかも朝日新聞社が鳴尾で飛行機事業をやりかけていて、忙しい時期であったので、私は「あなたのように忙しい方が九時から一一時まで手が空くなら、私は必ず参ります」といって、毎日参上しました。そして午前九時から一一時までお稽古されたが、その間は実に厳重なもので、誰が来ても「午後に会社でお会いしますから」といって玄関払いしました。私は、待たせると、人によっては気の毒ではないかと思って、「ちょっと会ってあげたら」といいましたが、「いや、よろしい」とおっしゃって、決して誰にも会われない。それと、も一つ感心したのは、稽古中は、朝、廊下などでお会いした時、私が『お早う』と申しても、「やあ」というだけでお返しにならない。さて、いよいよ稽古の席に入り、師匠が座るべき席に着くと、改めて「おはようございます」と改めて丁寧に挨拶される。こんな風で、すべてが極めて厳重で、途中では、決して挨拶されない。

明治二〇年前後は骨董品の安かった時代で、まるでただみたいのものだった。それ故、お二人とも、いい時にお買いになっている。お茶の道具は村山さんの方が多いが、上野さんに光琳のよいものがある。お二人とも、私の申し上げることはよく聞いて下さった。かつて京都真珠庵、一休の像のある庵の屋根が嵐で吹き飛ばされた。保護建造物であるにもかかわらず、京都府が修理してくれないので、和尚が困った。私は三井さんに頼んで四千円貰い、村山さんに、お小遣いの邪魔にならないように千円下さいといったら、すぐ出してくださった。

（『村山龍平伝』九八三〜九八五頁）

〈池戸宗七〉

私が村山さんと初めてお目にかかったのは明治二〇年代後半のことで、船大工町にお住いの時分でした。その後、何年かたって、藤田伝三郎男爵と村山さんと上野さんの三人が発起者となって、大阪に「十八会」というものを創められました。その目的は好事者だけが集まって、隔月位に各自宅でお茶の会を催し、所蔵品を陳列して、見せっこをしようではないかというのです。藤田男爵のような旧家では、そういう機会に自分のものを出して見せようというのが目的ですし、村山、上野両氏の古美術趣味はいうまでもありません。その当時は外国人がたくさん日本の古美術を見に来て、どしどし買っていくので、そんなことをされては、将来、日本に名品がなくなってしまうから、何とか食い止めなくてはならん。大切にしようというので、十八会というものができた。三人が幹事になり、一八人寄ったので十八会と命名したのです。自宅でできないときには、料亭で開かれました。

関西は大名華族がないから、仏画とか宋、元時代の古いものは数が少ないのですが、それにもかかわらず早くから着目されたのは、藤田男爵はいうまでもなく、村山さんや上野さんが先鞭をつけられたのです。それ故、数が少ないにもかかわらず、名品が残ったわけです。

われわれ道具商から申しますれば、決断の速い人を喜びます。元来、どんな品物でも、久しく見て考えれば、良いところも悪いところも出てきます。藤田男爵や村山さんは、その点では決断が早い方で、このご両人はいい相撲でした。藤田、村山、上野さん達が仏画をはじめられた動機は、国粋保存、国宝保存という建前からで、この時分、西洋人は財力に任せて、寺院なんかの宝物をどんどん買って、向こうに持ち去り、雪舟や周文などの綺麗な屏風も、大分、向こうに持って行きました。西洋人が来ると、村山さんや上野さんや藤田男爵などは、大阪の料亭である堺卯に名品を持って行って見せ、御馳走したものです。この場合、西洋人の多くは英米の博物館関係者で、外務省宛ての添え書きを持ってくるので、日本の紳士連は、これらの西洋人がどういう評をするか、聞きたかったからです。村山さんは東京方面でも、名品を相当、手に入れておられました。それは國華社をやっておられたから、その関係もあります。國華社に小川という老人が居って、その人が諸所歩いて見聞したのを村山さんに報告すると、売り物なら買おうということで買われた。その当時、大阪では、遊びに行く所といっても少ないから、よく道具屋に見えたものです。古いお友達の松本幹一さんはなかなかの目利きでした。古物が好きだったので、終始、奈良あたりに出掛けて、漁り回り、種々、掘り出してこられたから、大阪にとってはこの分野の功労者といってよろしいでしょう。

茶道関係では、村山さんは骨董から入られて、文人画、南画、それから煎茶、抹茶の順序だったと思います。そして、南画物は比較的に少なく、かつ、高麗橋のお宅を引き払われる前に、将来、望みのないようなものは、みな、売ってしまわれました。その時分は価が安かった。なにしろ、仏画一幅三百円も出せば、相当のものがある時でしたから、村山さんも種々の方面に手を出され、相当広く収集することができたのだと思います。

（『村山龍平伝』九七八〜九八〇頁）

今日の常識からすると、数寄者の世界やその心理を理解することはかなり難しい。昭和二〇年の太平洋戦争の敗戦と、その後の財閥解体と税制改革によって、数寄者が事実上、ほとんど存在できなくなってしまったからである。もちろん、骨董の収集は「金持ちの遊び」の一面があることは否定できないが、茶道と結びついて政治家や財界人の精神的成長に役立ったことも否定できない。龍平の場合、それに加えて、日本美術の伝統を守らなくてはならぬという使命感に目覚め、世界最古の美術雑誌である『國華』を終生、支え続けるなど、美術の保存活動を公私にわたって行った。専門家を除けば、龍平ほど大きな貢献をした例は他にない。

龍平の収集品を収蔵展示するため、昭和四七年（一九七二）に財団法人香雪美術館（平成二三年に公益財団法人香雪美術館に名称変更）が設立され、翌年、神戸市東灘区御影に開館した。そして二番目の施設として、中之島香雪美術館が平成三〇年（二〇一八）三月二一日に大阪市の中心地、北区中之島三丁目に開館した。

2　『國華』を支えた龍平

『國華』はなぜ百年以上存続できたのか

『國華』は三つの意味で、世界でも稀有な美術雑誌である。

第一に、明治二二年（一八八九）一〇月創刊で、世界最古である。近年までは、一八五九年創刊のフランスの『ガゼット・デ・ボザール』と、二〇世紀初頭創刊の英国の『ザ・

バーリントン・マガジン』が存在したが、ともに廃刊となった。第二に、誌上に紹介されている日本ないし東洋の美術品の鑑賞性の高さである。これは、伝統的な木版図版技術と色彩印刷技術の優秀さによって実現したものだ。第三は、建前は商業雑誌であるにもかかわらず、おそらく創刊以来一三〇年間近く黒字になったことがないという事実である。こんなことは常識的にはありえないのであるが、龍平と上野理一の献身的支援によって、このような異例極まりないことが起こったのである。

明治時代に美術再興のきっかけをつくったのは、一二年、東京帝国大学に哲学講師として招聘された米人フェノロサである。彼は来日早々、日本美術の真価を認め、「寺社や元大名家が日本の宝を二束三文で売るのはおかしい。止めるべきだ」と、伝統美術品の保存を強く求めた。また、フェノロサは退職後、美術取り調べ委員に就任、同二二年には岡倉天心と協力して東京美術学校を開校したが、この過程で、フェノロサから大きな影響を受けたのが岡倉である。岡倉はその後、伝統美術の保存活動に力を注いだ。一方、高橋健三は東京帝国大学中退後、太政官・官報局に奉職していたが、インテリのナショナリストで、伝統的な美術や文芸の再評価の必要性を痛感していた。

同憂の士であったこの二人が意気投合したのは、明治二一年、全国臨時宝物取り調べ局委員長・九鬼隆一に率いられて、関西地方の古美術調査に同行した時であった。調査結果は惨憺たるもので、とりわけ、奈良・興福寺が文部省美術顧問のビゲローに運慶作の無著《むちゃく》像をわずか十数円で売り渡したと知って、二人は憤激した。そして、古美術の危機を早急に国民に知らせ、具体的な保護処置を一刻も早くとらなくてはいけないと合意した。

二人が辿り着いたのが『國華』の創刊であるが、当時、刊行されていた美術雑誌と違って、精巧な図版と充実した論考を併せ備え、古美術の美と価値を国民に知らせるとともに、研究を促すこともできる豪華な月刊誌であった。刊行の体制は次のように整えた。編集の大綱は岡倉と高橋が立案・監修し、実務は、当時、東京帝国大学古典科講師兼高等師範学校教授の長尾雨山《ながおうざん》と大阪朝日新聞社印刷局長の松本幹一に委託した。東京で印刷発行する雑誌の編集に大阪在住の松本を当たらせたのは、採録する名品のほとんどが関西所在だったためである。また、松本には大阪・高麗橋に晩翠堂という店を開かせて、関西の販売拠点とした。すでに松本には、九鬼の調査団に同行させ、調査状況を詳細に報道させていた。このように、松本にいろいろの仕事をさせたのは、マスコミの利用価値に聡い高橋が龍平に頼んだ結果だと思われる。経理担当には官報局簿記係であった辰井梅吉を当てた。辰井は後に朝日新聞社専務を務めた人材である。

『國華』創刊号が世に出たのは明治二二年一〇月二八日である。四六倍判の大型の表紙は五弁花模様を一面に配した更紗風の意匠。社告欄には「毎月一回発行、定価一円」とある。「定価一円」が今日のいくらに値するかは分かりにくいが、「最低一万円以上、場合によっては二万円」というところではないだろうか。ともかく、中堅サラリーマンの月給の五分の一を超える超高額雑誌である。

創刊号の内容は次の通りである。

〈論考〉

一、國華発行の主旨　高橋健三
一、國華の発兌に就いて　九鬼隆一
一、浮世絵史考　フェノロサ
一、日本工芸家の注意　ビゲロー
一、円山応挙　岡倉覚三
一、本邦武装沿革考　川崎千虎
一、東大寺正倉院の話　黒川真頼
一、茶室考　今泉雄作
一、狩野正信
一、無著菩薩像伝

〈挿画〉

一、土佐光長筆伴大納言絵詞巻物（木村徳太郎彫造木版）
一、岩佐又兵衛筆美人図（同）
一、狩野正信筆三笑図（秋元子爵蔵、小川一真製写真版）
一、円山応挙筆鶏図（松方伯爵蔵、同）

一、無著菩薩像　（ビゲロー蔵、同）

創刊号の出来栄えは八本の論考の格調の高さもさることながら、挿画の品質の高さには、美術専門家の間からも驚嘆の声が上がった。木版による図版は、原図と遜色ない複製をつくるために、高橋と岡倉が江戸錦絵の伝統技法と写真印刷を組み合わせて考案した新技術によるもので、当時、まだ生存していた彫師の木村や三井長壽、摺師の田村鉄之助といった名工たちが二人の要請に応えた。また、単色写真印刷については、米国でコロタイプ印刷を習得した小川が協力し、高い技術を発揮した。

その後、『國華』の発行は、一見、順調に進んでいるように見えた。しかし、常識的に考えて、『國華』のように高コストの豪華雑誌が、たとえ定価一円をつけたとしても、商業的に成り立つはずがない。事実、龍平の生前、『國華』の収支状況が公表されたことはない。

表向き、『國華』の発行コストは明治二六年八月に発足した、五人の出資者による匿名組合の手で賄われていたことになっている。出資者は高橋、岡倉、長尾、龍平、上野の五人である。この匿名組合は、明治三一年、高橋が病死、三八年頃に岡倉と長尾が離脱、大正八年に上野も死去するまでは存続したことになっている。しかし、実際はこれとはまったく異なって、遅くとも二四年秋から、場合によっては創刊当初から、龍平と上野の資金に頼っていたという説が有力である。

水尾比呂志・國華社名誉顧問は「國華の軌跡」と題する冊子の中で、経費負担をめぐる、次のような興味あるエピソードを披露している。経費負担をめぐる苦境の打開は松本幹一が図らねばならなかった。彼は上京して、これまで便宜をいろいろ与えてくれた龍平に会い、『國華』の経営を引き受けてくれるように懇請した。これに対して龍平は、「新聞社として國華を引き受けることは危険であって、我らの取らぬところである。しかし、これは新聞社と切り離し、自分と上野君とが、個人の力でお引き受けすればよかろう」と答え、高橋健三と上野理一、龍平、松本の四者会談をただちに設定するように命じた。上野は、『國華』を存続させるには龍平案しかないと考えていたので、即座に賛成した。四者会談の席上で、龍平と上野は高橋に対して、「このようにして両人がそろってお引き受けしました限りは、両人とも破産しません限り、終生、変わりのないものとお考えになってよろしいと思います」と確言した。この言葉に、これまで大阪商人のカネへのこだわりに、いささかの偏見を持っていた高橋も、「二人は士魂商才の根性の持ち主」と讃嘆したという。この会談の日付は明らかではないが、水尾は明治二四年秋と推測しているようだ。

龍平と上野の個人的支援によって、経営がやっと成り立った『國華』だが、その後も、さらに三度の危機を通り抜けなくてはならなかった。

明治三八年の危機と上野の改革案

『國華』は明治三八年、新しい段階を迎えた。おそらく岡倉の発想によると思われるが、「英文版の國華」を創刊したのである。正式なタイトルは『*THE KOKKA*』であった。この試みは、ある意味では成功した。これを読んだ欧米諸国のマスコミが、『*THE KOKKA*』と、紹介された日本美術を、より高く評価したからである。しかし、一方で、明治三八年は『國華』が新しい経営危機を迎えた年でもあった。

『國華』の経理担当、辰井梅吉は同年一〇月、「財政調査報告」を作成した。これによると、月額不足金は四八五円余、年額不足金は五八二五円余で、「邦文國華だけを発行する場合は、年間一一五〇部発行、邦文、英文両方を発行する場合は、英文を今日の発行部数より五〇八冊、邦文を一二〇冊増刊しないと採算が取れない」と結論づけている。ちなみに、同年の購買部数は、邦文三七八部、英文二四二部であるから、辰井の出した結論は「経営の実態は極度の赤字で、現状のままでは破綻するしかない」といっているのに等しいのである。しかし、龍平と上野は赤字解消のための特別の措置は取らず、従来通り、赤字補塡を個人的に続けた。

その後、東西の朝日新聞社が合資会社に組織替えした頃に、上野は龍平に文書を送り、『國華』の再建を朝日新聞社の手に委ねることを提案している。その利点として、(1)発行所の信用を高められる、(2)発売上の便益が多い、(3)事務的人件費を節約できる、の三点を挙げている。龍平は上野の考え方に基本的には賛成だったが、結局、提案に応じなかった。二四年秋の高橋に対する約束を律儀に、形も壊さず、そのまま守りたかったようである。

関東大震災ですべての資産消失

國華社が関東大震災によって受けた打撃は大きかった。当時、京橋区（現・銀座）弥左衛門町にあった本社は、レンガ造り三階建ての社屋が壊滅し、木版版木、コロタイプ原版、写真、蔵書などのすべてが焼失した。廃刊になってもおかしくない状況であった。ところが現実には、『國華』はたった六カ月間の休刊で、翌一三年二月に復刊したのである。この速やかな再建が実現したのは、主幹を務めていた瀧精一と経理主任であった辰井梅吉の懸命な努力と、それに応じて支援を惜しまなかった龍平のおかげである。
國華社が要請し、龍平が承諾した支援の内容（要旨）は下記の通りである。

一、國華社は村山龍平氏より同社復興資金として三七五〇〇円の出資を受け、國華月刊の復興ならびに國華社の負債償還に関する一切の費用を支弁する

一、國華社の債権一一七九四円余は回収の上、暫時取りまとめ、出資者村山龍平氏に返金する

一、國華復刊の上は、毎月五〇〇円以内の範囲において、村山龍平氏より補助を受けて経営を進め、収益を得たる時は、補助を辞する

一、復興経営後において、将来、とうてい独立の見込みなく、欠損継続の場合は廃刊する

（水尾比呂志「『國華』庇護の形跡——村山龍平と上野理一」『國華』一三二四号、四四頁）

全体として、國華社に対して非常に寛大な支援内容である。龍平は、本社家屋を再建するなどのために、巨額を出資するのに加えて、毎月五〇〇円の補助金を出すのである。もちろん、赤字経営が続く場合は廃刊することになっているが、明治三八年危機の場合の支援契約より表現が厳しくなっているわけではない。龍平が今回も非常に「甘い」態度をとったのには、三つの理由があったのではないだろうか。

第一に、『國華』に対する評価が、とりわけ欧米で高まっており、龍平自身も存続への気持ちが強

くなっていた。第二は、辰井は朝日新聞社の幹部の一人でもあり、彼から『國華』の存在意義をしばしば説かれていた。第三は、瀧との人間関係である。瀧は高橋健三の甥であり、優れた古美術研究家として『朝日新聞』にしばしば寄稿していたことは前に述べた通りである。高橋は明治三一年七月、病没するが、その直前、龍平は高橋と、國華社に主幹のポストを新設して瀧に与え、『國華』の将来を瀧に委ねることを約束していた。その後、瀧主幹を得た『國華』はいっそう精彩を増し、東洋や日本の古美術の美的芸術的価値を啓蒙する雑誌から、美術史学的研究を重視する学術性の高い定期刊行物に進化した。したがって龍平は、瀧が関東大震災後も『國華』の刊行を希望するのであれば、支援するほかはないと覚悟していたのである。

被災六カ月で復刊した『國華』は、その後、第三の危機であった太平洋戦争敗戦時の中断を除いて、今日まで順調に刊行を続けている。しかし、それは黒字経営の独立した形態ではなく、龍平と、その後継者の手厚い支援の下での継続である。昭和八年一一月の龍平の逝去後は、養嗣子の村山長挙が引き継ぎ、昭和一四年以降は朝日新聞社が支えることになった。

辰井梅吉が語る『國華』と龍平

辰井梅吉は『國華』創刊から会計責任者を務め、『大阪朝日新聞』に移ってからも、龍平と『國華』を結び付け続けた人物だ。以下は龍平の逝去直後に語った思い出である。

私が村山社長にはじめてお目にかかったのは明治二六年八月頃、東京・滝山町の旧社屋でありました。その当時、私は、両国吉川町の國華社の会計を預かり、同社から慶應義塾の理財科に通っていましたが、大阪の高橋健三先生から、今度、いよいよ村山、上野ご両所が同社の財政を援助せらるることになったから、一応ご面会するようにとのお手紙があったからです。そういう訳ですから、その後、間もなく上京された上野前社長にも銀座の林屋旅館で初めてお目にかかりました。

「國華」は明治二二年一〇月時の内閣官報局長、高橋健三先生と東京美術学校長、岡倉覚三先生が本邦古美術の精華を中外に発揚すると共にその保存に勉め、また我美術の進歩発達を図るため、精巧なる木版色摺とコロタイプの挿画を挿入し、一般美術に関する史的または理論的方面の論考を掲載せる極めて権威ある月刊雑誌なるが、売行極めて少なく、その経営維持には両先生ともすこぶる苦心せられたために負債も多くつくられたのでありますが、明治二四年、高橋先生が官報局長を辞し、朝日新聞の主筆として居を大阪に移されることとなり、村山、上野両社長ももとより古美術品を多数愛蔵せられ、同誌の趣旨に共鳴せられたるため、進んでその財政を援助せらるるに至ったのであります。その後、私は同社の会計を朝日新聞門司勤務の遠山友三郎君に引き継ぎ、二八年六月、両社長のお世話にて本社に入社しましたが、國華社の財政はその後も依然として毎月、不足を告げますので、永年、両社長に補助を受くる取次ぎを致しておりました。その間に瀧博士が同誌の編集を主管せらるることとなり、上野前社長のご逝去後は、村山社長が独力にて全資金を援助せられておったのであります。

大正一二年の関東大震災にて、弥左衛門町の同社は跡形もなく全焼し、同社の国宝ともいうべき飯山、三井ら名工の彫刻せし木版全部も烏有に帰しましたが、翌一三年二月、さらに村山社長から巨額の復興資金を受け、毎月の不足金は補助せらるることとなり、麻布市兵衛町の邸宅を借り、引き続き同雑誌を発行しております。その号数も、今月にて五一六号に上り、創刊以来の援助資金は十数万円以上に上っております。雑誌にして創刊以来四四年、五〇〇号以上永続せるものは内外ほとんど、その例はないことと思います。もし、村山社長の援助なかりせば、同誌はとっくに廃刊の運命を免れなかったことと思うのであります。これは、まったく社長が我が美術界のために貢献せられたる一例でありまして、そのことも、また決して自ら吹聴せられたことがありませぬから、存外、世間には多く知られておらぬことを思うとともに、社長の奥床しさが偲ばれるのであります。

（「故村山社長追悼号」四三頁）

『國華』は今日、朝日新聞出版の支援により発行されている。平成三〇年（二〇一八）二月号で、創刊以来一四六八号で、公称一〇〇〇部である。

龍平の横顔6　節制あっての長寿

龍平は還暦とか古希という言葉を好まなかった。「人間、だらだらと長生きすればいいというものではない」との考え方だったからだ。還暦や古希の祝いはいっさいせず、喜寿の祝いだけは、周囲に説得されて、ささやかに執り行った。

古希を過ぎても出社すると、和服に袴姿の長身の背筋をまっすぐ伸ばして、笑顔をたたえながら編集局や営業局の中をゆっくり歩いた。大正一〇年（一九二一）一一月、当時、「世界の新聞王」といわれたロンドン・タイムス社長、ノースクリフ卿が大阪朝日新聞社を訪問した時には、案内の最中、階段を一段抜きで駆け上がって、ノースクリフ卿から「あなたも七〇歳を超えているのだから、無理をしてはいけません。もし転んで負傷したら、どうしますか」とアドバイスされたという話がある。

当時、大阪朝日新聞社は京大教授招待会を定期的に開催していたが、ある年の会合で、解剖学の権威の医学博士が和服姿の龍平の太い腕に見とれ、つかつかと近寄って龍平の袖をまくり、太い腕をさすって、「この冬に、あなたは素肌でいらっしゃる。大変、お元気なんですなあ」と、龍平の鍛え上げた体軀に感じ入った。龍平は笑うだけで何も答えなかったが、この日の会衆の中で龍平の体軀が最も堂々としていたという。

このような立派な体軀は若い頃の鍛錬のたまものであるが、それだけでなく、日々の節制の成果でもある。龍平は二〇～三〇代では、酒もたばこも日常的に喫していた。とりわけシガーは一日一〇本以上吸っていた時期もあった。だ

ノースクリフ卿（中央）を迎えての晩餐の宴
（朝日新聞社蔵）

が四〇歳を超えて酒とたばこの健康に対するダメージを意識し始めると、断固として禁酒禁煙に走った。禁酒したのは四〇歳頃、禁煙は四八歳頃と思われる。晩年、糖尿病の症状が現れてからは、米食をいっさい口にせず、毎食、鴨南蛮だけを食べていたという。

龍平の節制の特徴は、いったん節制を始めたら、徹底してやり、絶対に後戻りしないことである。ここにも龍平の長所である意志の強さと粘り強さが見てとれる。

第七章　晩年の龍平

1　過去を振り返り、将来を見通す

下村宏の招聘と先を見通した人事

龍平がいつから自分の晩年を意識したか、それは分からない。しかし、従来と生き方が変わったことをもってそれとするならば、大正一〇年（一九二一）頃、年齢では七〇歳過ぎではないだろうか。というのは、その年九月に招聘した下村宏・元台湾総督府民政長官の扱い方が、従来の例と非常に違うのである。これまでは、社長である自分の下で、ある機能を果たす人材を招いてきたのであるが、下村の場合は、自分の後任の経営者として白羽の矢を立てたことが明らかなのだ。

『大阪朝日新聞』は九年六月、まだ民政長官であった下村の講演会を主催した。演題は「日本民族の将来」で、下村の深い見識と巧みな話術は聴衆を魅了した。この時、下村は朝日新聞社が贈った謝礼を固辞し、「この講演が多少なりとも世人を裨益するものであれば、この謝金をもってパンフレットをつくり、希望者に配布されたい」と申し出た。また、龍平が調べたところ、下村が大阪で宿泊した旅館は質素極まるものであった。龍平はこれらを多として、まもなく、民政長官を辞任した下村に対して入社話を始め、同一〇年九月に取締役として入社することで合意に達した。下村は入社後、ただちに村山の希望で欧米視察の旅に出掛け、帰国とともに、翌一一年五月、専務取締役に就任、昭和五年には副社長に進んだ。経営全般にタッチしたが、とりわけ経営の近代化に全力を注いだ。

下村は対ロシア貿易の先覚者、和歌山県出身の下村房次郎の長男で、東大法学部卒業後に逓信省に入り、貯金局長を経て、台湾総督府に転じていた。また、台湾総督府で下村の下で働いていた石井光次郎も入社した。

この時期、龍平は自らの死後を見通したような、かなり多数の重要人事を行っている。上野理一の長男、精一を取締役会長に就任させ、自らの娘婿、長挙は取締役に登用するとともに、印刷局長、航空部長を兼務させた。創業以来の功労者、小西勝一と辰井梅吉は、それぞれ専務取締役と取締役とした。また大正一四年には、石井を営業担当取締役とし、『東京朝日新聞』の編集局長に緒方竹虎を抜擢した。さらに、龍平の発想で、従来の硬派面と軟派面の枠を廃止して、米国風の総合編集制を採用し、そのための人事も行った。

第六章で述べた通り、上野理一の死後、龍平は経営の責任を一人で背負い、さらに、関東大震災に伴う危機にも持ち前の粘り強い闘志で立ち向かったが、自らの余命と『朝日新聞』の今後との関係を冷静に考え始めていたのである。

苦渋に満ちた初の人員整理

龍平が明治一四年（一八八一）、大阪朝日新聞社の経営に着手して以来、家族主義的経営を旨とし、経営が苦しい時も従業員を解雇したことはなかった。ところが、大正一一年（一九二二）六月末、東西の朝日新聞社で合計三十余人の人員解雇を断行した。さまざまな事情があったことは確かであるが、老境に入った龍平にとって苦渋に満ちたものであったことは、解雇を公表した社長訓示にあからさまになっている。異例の人員解雇の目的は、端的にいえば、合理化である。第一次世界大戦を経て、内外の動きがいっそう早くなり、新聞業界の競争も激しくなる中で、朝日新聞社としても設備増強を迫られる一方で、人件費などの合理化を避けられなくなったというのである。世の中の態勢から見て、この判断は正しいが、社内的に見ると、合理化を推進する狙いで招致した下村が出した提案を、龍平が認めたのではないかと思われる。

人員整理についての龍平の苦渋に満ちた社長訓示は次の通りである。

本日、諸君に申し上げるのは外のことではございません。最近、現れました社の改革のことについて良くお話申し上げて、ご了解を得たいためであります。諸君もご承知の如く欧州の大戦後、世の中の事物ことごとく大変動をきたしたのであります。よって新聞事業もまた、変動の渦中から逃れることはできない。これに対処するためには、幾多の積極的設備を施さなくてはならぬ。機械力においても、近く米国から高速度輪転機、ドイツからグラヴィア印刷機械も参ることになっています。これらは世の中が非常に複雑になったのに順応していく設備の一端であります。

また、新聞社員の地位はこれまで世の中からどう見られていたかというに、それを外国に比すれば遺憾に思われる点が少なくないのであります。これは実に残念至極のことであります。また、他の会社員たちの給料と比べると、新聞社の人たちの給料は劣っておったということも大体において争われぬ事実であって、これも甚だ遺憾であります。万般の設備を新たにし、新聞事業の発展拡張を期し、また一方、社員の給料を厚くするということにしたい。それには自らそれぞれ、財源を要するのであります。故に、以上の目的を達するためには、固《もと》より十分とは申しかねますが、他の一方において、財源として大いに節約しなければならぬので、物件費においても人件費においても、少なからぬ節約をしなければならぬことになりました。そこで本社が主義としてきたことに幾らか相反するきらいはある、これは誠に朝日新聞として、また一個の村山としても遺憾に存ずるところでありますが、周囲の状態がすでに申し上げたような次第でありますから、やむを得ず社を辞めて御貰い申した人も出たわけでございます。もちろん、それは前に申し上げたように節約しなければならぬ必要に迫られたので、ごく古い人、もしくは、長く病気療養中の人らを主として、東西合わせて三〇余人の人々に退職をしてもらったような次第であります。もっとも、これらの人々に対しては、それぞれ特別の慰労手当は致しましたけれども、自分としては情において誠に忍び難い点でありますか。この点は、どうか諸君も十分の御諒察を願いたいと存じます。

以上のような次第でありますが、ここに諸君に十分に御服膺を願いたいことは、前に申し上げました如く、世の中は非常に多事多端になったのでございますから、今までのやり方ではいけない。さらに数倍の努力をしていただくということを、ぜひ願わねばならぬ。それにつきましては、社員の一致ということがいっそう必要になってくるのであります。従来も一致協力していられるが、編集と営業、大朝・東朝両社の間においても、今後はいっそうの協調努力をもって、この新聞事業の発展を諸君がそれぞれ双肩に担って立つというお考えでご督励を願いたいと存じます。ここに、いささか諸君に事情を説明して、ご了解を得たいと存じます。

（『朝日社報』大正一一年六月号）

龍平の晩年を襲った吉野作造の舌禍事件

吉野作造
（朝日新聞社蔵）

普選促進運動が最高潮に達した大正一三年二月、東大教授だった吉野作造と元貴族院書記官長で民俗学者の柳田国男《やなぎたくにお》が大阪朝日新聞社に入社した。

これを記念して、『大阪朝日新聞』は時局講演会を同月二五、二六日両日、京都と神戸で開催した。吉野はデモクラシーの意義を「民本《みんぽん》主義」の訳語で平易に説くなどしたので、たいへん人気があり、両会場とも大盛況であった。神戸会場における吉野の演題は「現代政局の史的背景」で、吉野博士の得意の明治史の研究から始めて、五箇条の御誓文が生まれるまでの政治社会情勢について明快直截の解説を試みたものであった。内容は当時の検察尺度からいっても危険でも過激でもなかったが、一部の右翼団体が吉野の使った言葉の枝葉末節を「不敬罪にあたる」として告発したのである。問題になった、吉野が講演で五箇条の御誓文に言及した部分は下記の通りである。

我が立憲政治の大方針は維新当時の五箇条の御誓文にすでにその源を発している。しかし、あの五箇条の御誓文の発布に与った当時の政治家には、果たしてそういう前途を見越した堂々たる抱負があったのであろうか。私はそうは思わない。五箇条の御誓文を発布を促した政治的動機を考えるに、私はあの当時の四分五裂しておった民心を明治新政府に何とかして帰嚮せしめようと苦心した結果であったろうと思うのである。今日の我々の頭ではちょっと想像できないが、忠義という考えがまるで今日と違うのである。それは瘦せても枯れても徳川三百年の治世だ。その威力は深く人心に滲みこんでおるので、この度、天朝を挟んで薩長の青年が明治新政府を作ったといっても、それが果たして長く続いていけるものかどうか、見当がつかない。士分のものとなると、多年、徳川の禄を食んでおったのだから、徳川のために尽くすのが忠義で、天朝のために尽くす、すなわち、いわゆる勤王は武士道の本筋ではないと考えるものも少なくはなかった。今日でこそ、忠君すなわち勤王であるが、当時は勤王と忠君とは、まったく相容れざる二つの観念であった。そこで旧の幕臣にして、明治政府の懇ろな召命を蒙った者の多くは、なかなかこれに応じなかったのである。福沢先生でも中村敬宇先生でも、おいそれと明治政府に仕えることをば躊躇したものだ。福沢先生は終生、在野で通したが、他の西周、中村敬宇などというような人は、みんな、数年後に初めて明治政府に仕えたのである。明治政府の召命にいったん応じても、良心が責めたのか、あるいは輿論の圧迫に遭ったのか、後に、途中から辞職を願い出るというようなのは沢山ある。その辞表を当時の人は「勤王御免の願い」といっている。この勤王御免の願いに対して、明治政府は何といっているか。武士道の面目これも已むを得まいと、大いにこれを諒としている。これらの事実を以ってみても、明治政府に対する当時の民心の帰嚮というものが分かる。これでは新政府たるもの、決して枕を高くして眠れぬではないか。それに明治政府には自ら守るだけの武備がない。いわんや、財政上の根拠をや。明治元年の歳入は、たった三六〇万円と伝えられる。つまり、兵もなく金もなく、しかも東北には、会津を中心とする佐幕主義の列藩がある。であるから、西郷と勝との談判で官軍が江戸城を占領した後でも、当時の識者階級はまだ天下が何処に定まるかの判断に迷っておったのだ。こういう次第だから、明治政府の当路者は、金にも困り兵力にも困り、窮余の結果、悲鳴を上げるに至った。その際、陛下が出されたのが五箇条の御誓文である。御誓文の内容は規模雄大にして、人心を惹きつけるだけのものであった。このような苦心には、大いに同情すべきものがある。かくて政府はいろいろの告諭文などを発布もしているが、それだけでは足りない。何か一つ、目新しいことをして、人心を惹きつけようと焦慮した。それなら人心はそうたやすくこちらに向いてくるかというに、徳川の方でも散々行き詰まった後だから、人心は決してこれに傾いておるわけではない。明治政府に打ち込んでもいないが、さればといって、徳川に非常に執着を持っているわけでもないので、そこで何か目新しいことをやって華々しく打って出ると、人心がこちらに傾かぬものでもないという見込みはある。そういう所から工夫されたのが五箇条の御誓文なのである。

五箇条の御誓文を拝読して、私は、これを採納したもうた明治大帝のご高徳を偲ぶものであるが、同時にまた直接、その起草に当たった福岡孝悌、由利公正等の勝れた見識にも敬服せざるを得ない。が、しかしまた、これとともに、これを人心収攬策に利用した政治家の苦心も決して見逃してはいけないと思う。そして私は、さらに進んで、さういう民本主義的政綱の紹述が直ちに人心収攬になるという事情、すなわち、当時、既にデモクラシーの考えが、識者間に一種の輿論となっておったという事実も認めておかなくてはならない。

明治政府が徳川幕府に代わるや、一方には大宝令の古制に帰ろうとする復古主義思想もあったが、もともと維新の開国は外国の交渉に促されて起こったものであるだけ、外国と対抗するという意地がたえず中心となっている。そこで、いずれかといえば、外国の最も新しい制度を真似るという方に傾きやすいのは当然である。そういうところから、天下の人心を新たにして、これから大いに華々しく新しい政治をやるという以上、どうしても立憲政治を看板に持ってこなければならぬ機運であった。これ維新早々、五箇条の御誓文の発布を見るに至った所以である。

（冊子「時局問題批判」二四四～二四九頁）

吉野のこの講演が行われた時、過激であるとして、当局の指弾を受ける可能性があると考えた人は、大阪朝日新聞社の内外に一人もいなかった。テーマが五箇条の御誓文で、少し刺激的であることと、政府に対する批判の仕方が少し斜に構えている点を除いて、ごく穏健な政治講演であったからだ。

しかし、白虹事件で朝日新聞社を破綻の淵に追い込んだ成功体験を持つ右翼は容赦しなかった。「有難くも畏れ多い五箇条の御誓文に対して、明治政府の悲鳴の所産とは何事ぞ」といった他愛のない理由で、不敬罪の疑いがあるとして、東京地方検事局に告発した。検事局はこれを受理するばかりか、吉野が三月に『大阪朝日新聞』に五回にわたって連載した政治論文、「枢府と内閣」をも朝憲紊乱の疑いで厳重審理を開始したのである。

朝日新聞社幹部は「こんな攻撃に屈したら、言論の自由を守れなくなる」という理由で、龍平以下、徹底抗戦派が圧倒的に強かった。これに対して検事局は「吉野が朝日新聞を退社し、今後、行動を改めれば、不起訴にしてもいい」という柔軟戦術で、吉野と朝日新聞社を揺さぶってきた。「朝日新聞に迷惑をかけたくない」という気持ちを優先する吉野は、ついに六月、朝日新聞社に退社を申し出た。朝日新聞社の幹部会議は、辞表を受理するか否かでなお紛糾したが、結局は受け入れを決め、下村が東京・本郷神明町の吉野宅を訪ね、受理を伝えた。この過程で、龍平が最後まで吉野擁護に回ったことは確かで、龍平の意向で、吉野に対して退職後も長期間、給与を払い続けた。また、下村は吉野宅訪問について、後日、「あんなに嫌で、情けないことはなかった」と述懐している。

東京地方検察局は七月一一日、吉野を召喚して、不起訴の決定を通告したが、その理由を、吉益検事正が前々日、非公式に明らかにした。その要旨は次の通りである。

「吉野博士の『五箇条の御誓文』と題する講演と『枢府と内閣』と題する論文に関しては、①天皇は国政を直接親裁も、総攬もしておらず、実際は内閣がやっている②五箇条の御誓文は当時の為政者が民心を収攬するために利用した看板である、というのが、内容の主たる点である。吉野博士自身は別に不穏の言葉ではなく、単に皮肉を飛ばして現代政治を痛罵したと考えているかも知れぬが、これを民衆が聞いた時、何と考えるであろうか。博士と同一の知識を有し、博士の考えがどこにあるやを推察できる人には危険でないにしても、一般の人には真に不穏な思想を吹き込むことになる。この事件だけでは朝憲紊乱の罪を免れない。しかし、博士の弁明を聞いてみると、朝憲紊乱の目的でなく、内閣の改造が議論の主たる目的であったものと善意に解釈して、博士の人格を信頼し、将来再び彼の様な軽率で場当たり的かつ皮肉な行動をすることはあるまいと信じ、起訴を猶予することにしたのである。今後、自重さえしてもらえば、博士の学者としての立場を失わしめることもなく、また、国家の法の尊厳も保たれることと思う」

(『村山龍平伝』五七八頁)

当時の政治状況や検察のレベルを考慮しても、検察当局の尊大の態度にはあきれる。龍平にとって吉野は、白虹事件で手薄になった論説陣の新しい柱となるべき人物だっただけに、その喪失に対する口惜しさはひとしおのものであったろう。

龍平は吉益検事正の要求を受けて、六月二二日、東京の検事正宅に出頭した。下村と高原操・大阪朝日新聞編集局長、岡上晴重・顧問弁護士が同道した。この席で検事正は龍平に、「将来、再び彼のような軽率的、場当たり的な言動を新聞紙上に掲載することのないように、誓約書を入れてもらいたい」と求めた。これに対して龍平は、「誓約書を出した以上、万一、実行できないようなことがあれば、私は腹を切らねばならぬことだから、この場で軽々しくお受けできない」と拒絶した。検事正はさらに押し返して、「いや、そう堅苦しく受け取ってもらわんでもいい。それでは、上申書という形ではどうか」と持ち掛け、結局、岡上弁護士が書き、龍平以外の三人が署名した上申書を提出して、舌禍《ぜっか》事件にピリオドを打った。誓約書提出の拒絶は龍平の尊大な官憲に対する精いっぱいの抵抗であったのではないか。

朝日会館竣工で過去を振り返る

大正一五年（一九二六）一〇月、朝日会館が完成し、竣工記念講演会が盛大に催された。ここで、自らについて時間をかけて語ったことがない龍平が、本格的な講演に臨んだ。かなり深い感慨に浸っていたのであろう。「朝日新聞の成長」と題する三〇分を超える講演の要旨は以下の通りである。

創刊当時の朝日新聞は、今日の二ページ分を四ページとした小さい形で、手刷り機械で印刷していました。社員、職工合わせて二〇人ほどの世帯でありました。当時の新聞は大新聞、小新聞の二つに分類され、大新聞は論説政治新聞で、知識階級に読まれ、小新聞はいっさい政治に触れず、今日の社会部記事に絵を入れ、総振り仮名付きで出すというやり方である。この両者の読者は全然別のものであるから、紙数をたくさん出すことができなかった。

我が朝日新聞は、創刊の時は、絵入の小新聞でありましたが、自分の考えでは、そう窮屈に硬軟を区別する必要はないのみならず、小新聞の読者をだんだん導いて行くには、どうしても小新聞に政治記事や論説を加味していかねば発達の余地がないと考え、一二年四月には大阪府会の傍聴録を付録として発行しました。これ、本紙の付録の初めであります。この、小新聞が大新聞を兼ねるという考案は朝日新聞を以って初めてとし、それ以来、他の新聞の変遷を見ますのに、この方策をとったものは残留し繁栄したが、大新聞を以って高く構えておったものは、みな倒れてしまいました。日本の新聞の発達には、仮名の力が非常なものと思います。漢字ばかりの大新聞が衰え、振り仮名の小新聞が発達したことでも解ります。いっそう大きく申せば、日本人文の発達を早めたのも仮名であると思います。

しかし、活字に仮名をつけることは甚だ厄介で困りますから、ついに活字に改良を加え、振り仮名付き活字を発明いたしました。この発明はパテントの取れるものですが、かかる公共的なものに専売権を振り回すべきではないと存じ、そのままにしておきましたために、一般に用いられ、すべての新聞は振り仮名活字を採用して、大いなる利便を得ている次第であります。

創刊当時の江戸堀の社屋は僅かに六畳三間でありました。発行部数も僅か千部内外でありましたが、明治一五年の朝鮮事変（金玉均が事大党を排除せんとした騒ぎ）に特派員を出して特電を打たせましたところ、海外特派員ということは、まだ他社では当時、まだ一度もやったことがなかったので、大いに世人の注意を引き、紙数が一時に増加しました。また、一四年一〇月に、国会開設の勅語全文の東京電報を出しましたが、当時としては非常に珍しいことで、喝采されました。さらにまた、北海道開拓使廃止官有物払い下げ取り消しの電報を直ちに号外として発行し、称賛を博しました。今日から考えると、何でもないことですが、当時は臨時に急報するということが、なかなか普通の人の頭に浮かんでこなかったのであります。

朝日新聞の成長の第二期は、一七年の支那に起こった清仏事件と、再度の朝鮮事変であります。この時も北京、上海、京城に特派員を出して電報通信を送らせ、これが朝日の信用声価を非常に高めました。

一八年には、印刷機のロード刷り八台を据え、初めて蒸気機関の動力で運転し、京町掘から現地に移って参り、今日の基礎を固めました。大阪市に大洪水があり、床上を浸しても新聞発行を続け、また、義金を募集しましたが、その中には小判や二朱金の拠出がありました。蒸気機関と小判の対照は非常に面白いと思います。

第三の発達期は明治二〇年の国事犯事件と保安条例の発布とで、国論沸騰した時期であります。大井憲太郎の国事犯事件は公判を大阪で開いたので、九七回の公判を全部、速記させ、報道しました。これ、新聞に速記を利用した初めての例であります。

第四の発展期は、明治二一年、姉妹紙である東京朝日新聞を創立し、引き続き、翌二二年は憲法が発布されたときであります。当時、議会開設の期も迫り、社会の政治熱は非常のものでありまして、憲法の条文の内容を知りたいという熱望は国民中に広がっていました。この二月一一日、東京電報でその全文を取り、号外を発行して大喝采を博しました。今日でも地方の人は、あまり長い電報を打つことはありません。当時、電報といえば、普通の家では、人の死亡の通知位に止まっていたのですが、憲法の全文が電報で来るとは思い及ばなかったらしいのです。それで、当時の唯一の官選議院である元老院では、大阪朝日新聞に東京朝日新聞と一字一句違わない憲法の全文が同日の新聞に載っているのを見て、誰かが事前に漏らしたに違いないと大騒ぎとなりました。あまり気の毒なので、よく実際を説明したところ、新聞というものは恐ろしく長い電報を打つものだなあと、元老院議員が驚いたということであります。

第五の発達期は翌年の議会開設で、この時は、本社は日本における最初のマリノニ輪転機を輸入し、東京朝日新聞に据えて議会の速記録を作り、特別付録として発行し、また、これを直ちに大阪に急送して、配達しました。第六の発達期は日清戦争、第七は日露戦争、第八は欧州大戦です。国家国民の大活動ある度に正確迅速なニュースを供給し、国難に対して輿論をまとめ、元気を鼓舞していく新聞の大使命に対して国民が真の了解を有するようになった証拠で、われわれの責任も重大さを加えてまいります。

近年、新聞社は新聞を発行しているだけでなく、広い意味での社会教化として種々の催しをなし、公共の利益を図ることとなり、新聞従業者の仕事は日を追うて多事多端となり、一方、設備費を要することも、また多大でありまして、経営のそのよろしきを得ざる時は、動《やや》もすれば精力の浪費となります。朝日新聞の生まれた昔を顧みると、まことに隔世の感がありますが、今後は過去の五〇年の変化を一〇年一五年の短い期間に経験せなければならぬくらいの忙しいことになると思います。
しかし、私は、いかに新聞事業が困難であっても、創刊当初からの信条であるところの「正しき道によって努力し、社会の公器たる新聞の使命を辱めない」という方針を失わぬ限り、朝日新聞の生命は永遠に続くものと深く信じています。

（『朝日社報』大正一五年一一月号）

この講演で描き出した「自画像」は、技術進歩の流れに乗った新聞事業経営者・村山龍平である。龍平が「リベラルな記者を愛する新聞経営者」や「皇室主義者」の一面を持つことはいうまでもないが、この講演を見る限り、技術進歩を最大限に利用することが経営者として最も重要と考えていたことが分かる。この講演から二年半後の創立五〇周年の祝賀会で挨拶に立った龍平が描いた自画像は、「ナショナリストとしての龍平」であった。その要旨は次の通りである。

本紙創刊以来五〇年、まさに明治大業の完成期に当たるのである。我が国は東洋の平和を保持することを大目的として、この歳月を過ごしてきたが、東洋の平和は毎度、脅かされがちであった。その間、日露清三国間に、朝鮮を中心に、しばしば憂うべき事変が発生した。例えば、明治一五年、一七年の事変の如きがそれである。これがさらに重大化して日清戦争となり、次いで日露戦争という未曾有の大戦となった。朝鮮は我が国に併合され、東洋の平和の大なる癌は除去され、かくして大正、昭和の有り難い聖代を迎えたのである。さて、この進んで止まざる五〇年の間、朝日新聞は国民の心を心とし、報国尽忠の一念に終始し来たのである。

（『朝日社報』昭和四年二月号）

軍部の行動に引きずられた『朝日』

昭和初年、日本国民全体がナショナリズムと軍国主義の潮流に飲み込まれ、龍平を社長にいただく朝日新聞社もこれに逆らうことができなかった。明治一二年（一八七九）の創刊以来、一貫して立憲政治の確立と軍拡への歯止めを主張してきた朝日新聞社の転換点は、なんといっても昭和六年（一九三一）に発生した満州事変であった。

朝日新聞社は九月一八日夜、関東軍の陰謀的行動によって発生した満州事変を受けて、同二五日、大阪本社で龍平も出席して役員会を開き、事変についての社論の統一を図っている。しかし、その内容は、「関東軍の自衛的行動を認めるが、事態の拡大は抑える」という政府の方針に沿った論調を維持することを追認するに過ぎなかった。そして、『朝日新聞』は一〇月一日付社説「満蒙の独立」で、長年貫いてきた「満州は中国の一部である」という認識を捨てた。

東京本社で報道と論説を取り仕切っていた主筆の緒方竹虎は、「事実に引きずられた」と告白している。告白はこれに止まらない。緒方は当時の心境について、「主張と商売との二面を持った朝日ほどの大きな新聞社では、他の大新聞社とピッタリ連携でもできればともかく、到底、強い闘いはできないという結論を持っていた。従って、目の前に迫ってくる対軍部の問題に対しては、自分が善くても悪くても責任を取ろう、そして、『朝日』の生命は永いのだから、『朝日』の良心は、次いで立つ人によって保持してもらうより仕方ないと思った」と、敗戦後になって述べている。

龍平は朝日新聞社の創立者であるから、責任感もサラリーマンの緒方とは違ったかもしれないが、理性を失った軍部に対する絶望感は緒方のそれと似たものだった可能性もある。

そして、朝日新聞社幹部の軍部への絶望感は、昭和一一年（一九三六）二月二六日朝、反乱軍によって東京本社が襲撃されたことによって、決定的となった。

最後の訓示

昭和七年（一九三二）一〇月二一日に大阪朝日新聞社は、地方支局長を集めて編集方針などを討議する恒例の通信会議を大阪本社大広間で開催した。この会議には、健康上の理由で過去数回欠席していた龍平が久しぶりに出席して訓示した（口絵参照）。この中で龍平は、「近頃は謙譲というようなことは余り美徳として尊ばれない」「何でもかんでもがむしゃらにやることの方が偉く見えるようになった」などと、いささか不可解なことを、かなり深刻な語調で述べた。いったい、龍平は居並ぶ上野精一会長、下村宏副社長、高原操編集局長以下の幹部や九五人の支局長・通信局長に何を語りたかったのであろうか。龍平の訓示の要旨は次の通りである。

私は近年、やや健康を害し、社に出ることも甚だおろそかになりました。かつ、こういう集合の処へも出ないので、いっそうお目にかかる機会がないのである。従って、今日は訓示などと難しいことではなく、久しぶりにお目にかかる機会を得たことを第一に喜ぶのであります。されば、別に難しいことは申し上げられないが、新聞事業に関係しているため、習慣で見聞きすることが多く、ついしゃべりたくなる。故に何らまとまった話ではないが、今日思いついたことを簡単に申しましよう。

ご承知の如く、日本の現状は一時と違って「第二の維新」という言葉を耳にします。事実、それほどであるかないか分かりませんが、幾分、これまでとは変わったことは確かであります。例えば、善くなったか悪くなったか分かりませんが、これまで謙譲ということは美徳として尊ばれたが、近頃では謙譲などということは余り尊ばれない。むしろ、何でもかんでも我武者羅にやることの方が偉く見えるようになりました。謙譲は確かに美徳に相違ないが、さりとて相手が盛んに我武者羅にやってくるならば、此方も対抗して相当な態度を持していかねばならぬ必要が大いにある。これは単に新聞事業ばかりではない。

故に、諸君も地方ですでにお感じであろうが、大いに進んでやるべきことは一歩も退くことなく、断固としてやらねばならぬ。独り、出先の諸君ばかりではない。本社の諸君も同じ考えの下に進取的にやらねばならぬ。それは、今も申す通り、ある場合は謙譲の美徳を損ずるかの如く見えるが、これは止むを得ないことで、自己防衛上、対抗手段を取らねばならぬ。いわゆる「防御的攻撃方針」で行かかねばならぬ。一口に言えば、少しも油断できない。非常な努力を払わねばならぬということである。ただし注意して、その事柄の善悪をよくよく考えてもらわねばならぬ。

すなわち、その事柄が悪くてもやるというのではない。善いことに邁進してもらいたいということである。

龍平の言い方が遠回しで明確ではないが、言わんとしているのは「のさばってきた軍国主義に警戒し、対抗せよ」ということではないだろうか。日本最大の新聞社の経営者としては、もう少し厳しい言い方をしてほしかった気もするが、当時の、すでに日本軍の本格的な中国侵略が開始されている状況下では、もし龍平が社内会議であっても反軍部と受け取られるような発言をしたら、発行停止の弾圧は逃れられないと、白虹事件を経験した龍平は判断していたのであろう。しかし、生涯、反権力を貫いてきた龍平としては沈黙したまま去るのは潔しとしない。その結果が右の訓示であったに違いない。「最後の訓示」は、龍平が集め育てた朝日新聞社の部下に対する精一杯の「遺言」であったのだ。

健康衰えても、新鮮なセンス変わらず

龍平の健康状態は、昭和四年頃から衰えが目立ち、月に一、二回の出社が普通になってきた。しかし、出社した時は、和服と袴を隙なく身に着け、猫背気味ではあるが、ゆったりとした足取りで、社内を見て回った。当時も、壮者に劣らぬオーラがあり、龍平が近寄ると、社員の間に緊張が走った。

四年夏の定例部長会議でのことだ。紙面の出来栄えを中心とする協議がかなり進んだ時であった。龍平が学芸面の片隅にあるラジオ放送プロ（ラジオ欄）を指さしながら、よく透る声でこういった。

「今日、ラジオは多くの家庭で親しまれている。この親しみは今後、さらに深まるだろう。しかるに、我が社の紙面の放送プロは、一見、どこに載っているか、直ぐには見つからないという塩梅である。第一、このカットがいけない。なんだかわけのわからぬカットの中に、小さく「放送」とあるのでは、ちょっと読者の目に入らぬのも無理がない。然るに、毎日新聞はこれと反対に、「ラジオ」と大きな活字を使っている」。物静かであるが、厳しい苦言である。担当の整理部は驚いて新しいカットを作り、翌日から新装の放送プロを登場させた。

その頃の新聞業界は、一般的に、マスコミの新参者であるラジオに冷たく、ラジオ放送プロを載せることにさえ消極的で、厄介者扱いの傾向すらあった。龍平は、だいぶ前からラジオの大衆性を認めていて、それとなく放送プロを改めるように注意していたのだが、編集局の認識が一向に変わらないので、部長会議での苦言に及んだようである。

龍平の真骨頂を示す出来事が同年秋に起きた。朝日新聞幹部は毎日新聞と協調して、月額一円の購読代を一〇銭引き上げることを内定し、いよいよ神戸・御影の社長邸で龍平の決裁を仰ぐ評定会議を開くことになった。ところが、幹部が作ったお膳立てが覆ったのである。龍平は、値上げどころか、一〇銭の出血的定価引き下げを命じたのだ。

このような断を下した理由について、龍平は後日、次のように語っている。

「新聞一部一〇銭の引き下げにより、本社の減収は甚大の額に上り、この大減収を取り戻すのは、実に容易ならざることであります。取り戻す第一の方策は積極的に紙数を増加すること。紙数を増やさんとすれば、紙面第一、新聞の内容をよくすることが根本でなければなりません」

（『東京朝日社報』昭和五年一一月号）

龍平は、購読代値上げというような安易な道を辿らず、より良い内容の新聞を作るよう、社員の奮起努力を求めたのである。

2 終焉へ

古美術品を愛で、孫と戯れる毎日

大正末から昭和初年にかけての、龍平の最後の一〇年は、人生で最も平穏な時期だったといえる。出社するのは月に数回で、多くの時間を自宅で過ごし、古美術品の鑑賞・研究と二人の孫との交流に振り向けることができたからである。朝、幼い孫が登校するときには、二階の窓から身を乗り出して二人を見送り、下校時には、門の近くで二人を待った。アフタヌーンティーをとりながら、「今日は学校では、なにをしましたか」「学校からくれた紙が何かありませんか」などと問うのが、いかにも楽しそうであった。夕方は、二人と邸内を散歩したり、ダンスをしたり、孫たちの奏でるピアノに耳を傾けたりした。

龍平は、当時の男性としては健康管理を慎重に行っていたので、日常生活に差し支える障害はまったくなかった。しかし、昭和六年末に糖尿病が発見されてから、体調の変調が始まった。小水の間隔が短くなったり、しばしば睡眠不足に悩まされたりしたために、公の席には、ほとんど出られなくなった。七年九月、初めての脳溢血の発作があり、その後も軽い発作が断続的に襲った。致命的だったのは八年一一月、感冒に罹ったことだ。体調が一気に悪化し、回復はかなわなかった。二四日午前三

令孫と仲良く（朝日新聞社蔵）

村山龍平の朝日新聞社社葬（朝日新聞社蔵）

時、萬寿夫人以下の家族全員と、多くの朝日新聞社幹部に看取られて逝去した。

　同二八日、大阪朝日新聞本社の隣の朝日会館にて社葬が盛大に行われた。御影の自宅から大阪朝日新聞本社へと、そして本社から阿倍野《あべの》墓地へ向かった葬列は、一二機の航空機に守られた。航空機をこよなく愛した龍平にとって、嬉しい光景であったに違いない。

龍平は『朝日新聞』を日本一の新聞に育て上げた。その意味では、新聞経営の成功者といえるであろう。また、日本で初めて報道中心の近代的新聞をつくった個性的経営者である。さらに、自身は保守的、皇室尊重主義的な傾向を強く持ちながら、多くのリベラル志向のジャーナリストを集めて、藩閥政府を厳しく批判する紙面を展開した。このように多面性に富んだ新聞経営者を世間は、どう評価したのだろうか。元首相の大隈重信、硬派ジャーナリストの徳富蘇峰、朝日人として龍平に仕えた杉村広太郎《すぎむらこうたろう》（楚人冠《そじんかん》）の見方を紹介する。

新聞経営者・村山龍平の評価――政治家、ジャーナリスト、朝日人による

◇大隈重信（明治四〇年四月、創刊九〇〇〇号にあたっての談話）

我輩が大阪朝日新聞を知ったのは今より二〇年前であるが、実は、朝日より先に村山君を知ったのだ。それは確か故陸奥（宗光）君の紹介であったと思うが、その時が初対面で、同時に村山君が朝日新聞を経営しておらるることも知ったのである。その後、村山君は新聞紙の郵税軽減のことについて、尽力してくれというようなことで二、三度来られたことがあって、今日まで二〇年間、無二の友人として親交を続けているわけである。当時の朝日新聞は今より見れば、なお未成年の時代であって、同時に村山君についても、最初はどれほどの地位勢力ある人ということも知らなんだのである。然るに、その後、大阪に行ってみて、村山君が社会上、至大の勢力を有しておらるることを知った。それは無論、村山君の人格がしからしむるのであるけれど、一つには朝日新聞が関西に

於いて至大の勢力を有しているから、その代表者たる村山君が、自然、社会に重きをなすのは当然だと思う。こんなわけで、村山といえば「朝日」を連想し、「朝日」といえば村山を連想するによって見ても、如何に村山君が朝日の経営にその力を用いられたかがわかるので、この点よりいえば、村山が名字で朝日が名前といっても差し支えないのである。

いったい、村山君は温厚篤実の君子であって、社会上のことにもできる限り力を尽くされ、現に成瀬仁蔵が女子大学を建てるについて、我輩が大阪に出かけた時も、村山君は率先して多額の資金を寄付せられしのみならず、百方奔走して、我輩のために非常の便宜を与えられ、その後、早稲田大学の資金募集に行った時も、ほとんど主人側の地に立って多大の尽力をせられ、自らも、また、巨多の寄付金をせられたことについては、今なお深く感謝している次第である。村山君は一方において、かくのごとく社会的なことに力を尽くされるとともに、一面、政治上にも偉大なる奮闘的精神を有しておらるるので、ある場合においては、時の勢力に反抗して、国家のために奮闘せられ、それがためにしばしば発行停止に出あったこともある。発行停止の如き不利益のことは、なるべくこれを避けるのが人情であるが、朝日新聞がある場合において国家のため、この不利益を顧みず、時の勢力と闘ったということは、如何に村山君が国家的公義心に富んでおられるかということが分かるので、我輩は友人として深くその人格に敬服しているのである。

かく村山君は犠牲的、奮闘的精神に富んでいるとともに、政治上、社会上、宗教上、その他百般の事物に対しては極めて公平穏健なる思想を持っておらるるので、その新聞が自ら公平穏健であり、社会一般の信用を得るのは当然と思う。今日の「朝日精神」は村山君の忍耐力と努力の賜たるや、あえて疑いなしと信ずるのである。そもそも新聞紙の事業は経営の方面と新聞をつくる方面と二つある。この二つのものが調和を保って進んで行って、初めて新聞事業の発達を期しえらるるわけで、それには非常なる才幹機略を要するのである。何となれば、いかなる新聞も独力でできるものではない。政治、法律、宗教、教育、外交、軍事、財政、経済というが如く、各種の科目に分かれるについては、それぞれ学識才幹のある多数の人物を要し、その経営についても同様である。したがって、事業の発達はこれらの人物に待つ所あるは当然であるが、しかし、これら多数の人が毫も内部で衝突することなく、あたかも一人の如く紙面の整斉画一を致すは主としてその主長たるものの統御的才幹に帰せねばならぬ。我輩が朝日新聞の発達を以って村山君の成功なりとなす所以は、すなわち、この理由に基づくのである。

いったい、我が国の新聞紙は、これを欧米先進国に比較すれば、まだ極めて幼稚であるが、我が内地においては、今日、朝日新聞の如く発達したものはないのである。特に二〇年前の未成年時代と比較しては、ほとんど別物の観をなすので、これは、つまり、村山君の才幹と有力な社員諸氏の働きによることであるが、まだまだ日本の新聞紙の進歩はこんなことではいかぬ。国の勢力、国の文明がしんしんとして進むとともに、新聞紙もまた大に進歩しなければならぬのである。元来、新聞紙なるものは、ある点において、世人の好みに投ずるということも必要ではあるが、また一方において、政治上、社会上その他、常に他を指導するの義務あり、責任あることを忘れてはならぬ。

さうして、公平にして穏健なる思想を以って最も敏活に社会万般の事実を報道するは、その当然の本務で、かくの如くして常に怠らずんば、将来、ますます長足の進歩をなすこと疑いないのである。

我輩は、過去二〇年間において、大阪朝日新聞が驚くべき進歩を遂げたことを祝するとともに、村山君と他の諸君の忍耐と奮励とによって、他日、朝日新聞が一万号に達したる時は、さらに今日に数倍する進歩発達を見ることを信じて疑わざるところである。

（『大阪朝日新聞』明治四〇年四月九日）

◇徳富蘇峰（ジャーナリスト、昭和二八年五月、熱海市伊豆山にて口述）

陸奥宗光がアメリカ公使をやめて帰朝して、山県内閣の農商務大臣になった頃だから、たぶん、明治二二年の初めだと思う。麻布に買ったばかりの邸に私と村山君夫婦を招いて、引き合わせてくれた。これが初対面であった。元々、村山君と陸奥とは、紀州の同藩の出であり、すでに旧知の仲であった。私と陸奥とは、陸奥が長崎で勉強していたころ、よく肥後の私の家へ来て、父の許にしばらく寄食していたことから、私としては少年時代からよく知っていた。

この席上、陸奥がいうには、村山は日本一の新聞経営者であり、徳富は日本一の記者である。この両人が仲良く提携していけば、日本の新聞界のためにも、双方のためにも結構だ…とうまいことをいって、我々二人を結ばせようとした。これから私は村山君と懇意になり、村山君は二人挽き人力車を駆って赤坂榎坂の拙宅を訪問されて、交情を深めた。このころ村山君は朝日新聞の他に、東京では「東京公論」、大阪では「大阪公論」を出しており、主として東京を中心に活動していたので、東京に住居が欲しいという。たまたま黒岩涙香の妹婿で医者の秦呑舟が東銀座の家を売りたいと聞いたので私が口をきいて村山君に買ってもらった。

ところで、村山君は私に朝日に入社して社説を書いてくれという。私はもとより新聞記者志望ではあるが、他人の下に立って仕事をするのは好まない。村山君の如き大経営者であっても、その人に使われたくない。が、村山君に請われるままに、何回かは寄稿したこともあり、大阪公論には二人の記者を紹介して入社させた。後に、私が「国民新聞」を創刊すると、村山君は大いに祝意を表してくれ、当時、一銭の葉書を山のように贈ってくれた。

ある時、私は村山君に向かって、君は何のために新聞を出すのかと問うたことがある。すると村山君は「自分は一枚でも多く人に読ませたい。つまり、誰でもが喜ぶ新聞をつくる、主義を強いて立てれば、八方美人主義だ」と笑って答えたが、事実、これは村山君の本心であったろう。

村山君は薩長といわず、当時、要路の有力者になかなか縁故が深かった。例えば松方正義であるが、その御影の別荘で偶然、私は村山君と顔を合わせたこともある。もっとも松方とは、上野君も懇意であった。その松方の系統である高橋健三をば、村山君は非常に大切にして、新聞のことを何でも相談していた。この高橋が朝日に入社する前、官報局長時代に、日本で最初の輪転機購入の目的で渡仏した時、これに依頼して同型のマリノニを買い入れた話は有名なものだった。

この高橋は保守系であり、高橋の縁故で朝日に入った人には保守分子が多かった。西村天囚然り、内藤湖南然りである。ところが村山君は一方では、新しい人物を重用した。やや後のことであるが、杉村素人冠、下村海南の如きは、この範疇に属する。さらには、中野正剛、緒方竹虎の如き若手をもうまく使った。

村山君と毎日新聞の本山彦一君を比べてみると、その人物器量はだいぶ違う。本山君は終始ソロバンを手放さない人だが、村山君の方はこせこせしない。何も知らないような顔をしながら、思い切ったことをやってのける。鋭い気魄を内に蔵して、天下を狭しとする概がある。眼中恐るるところは何もないのだ。自身は濃厚な貴族趣味を有しながら、デモクラシーも理解する。しかし、村山君の握っていた網はあまりにも広大で、村山君であればこそ自由自在に拡げられたが、次代の人はやや持て余し気味ではなかったろうか。ところで、私は思うのであるが、村山君をあれほど偉大にしたのは、やはり、本山という男が敵方にいたためであろう。本山君は村山君の後を付けとおしては、ひっかきまわす。村山君としては片時も油断できない。だから、村山君をして、朝日新聞を今日あらしめた最大の功臣は本山君だと考える。

また、村山君は人を使うことが巧みであった。この点でも本山君は及ばなかった。小西勝一、辰井梅吉の如き、一生を朝日に捧げ抜いている。一時、朝日の社内には、資本主義、官僚主義を信奉する一派とこれに反対する一派が対立した。この二つの相異なるカレントを巧みにさばいて破綻を見せなかった村山君の手腕は容易ならぬものである。もし村山君をアメリカに生まれさせたら、ハーストを超絶する大新聞王となったであろう。

私は大阪を訪れるたびに、村山君と本山君の墓参は欠かさぬことにしている。当時、一介の貧書生であった私を、見どころありと入社まで勧めてくれた村山君に対して今日なお、感謝するところ、大なるものがある。

（『村山龍平伝』香雪翁懐古、四一～四三頁）

◇杉村楚人冠（軽妙な筆致で鳴らした人気記者、龍平逝去直後の談話）

下村海南博士が「朝日」に入るとか、入らぬとかという問題の起こりかけたころ、一日、村山社長は私を連れて海南の宿に出向かれたことがある。これは全くの初対面ではないが、しかし、ほとんど初対面に近いものであった。

その時の海南の宿というのは、台湾の民政長官をしていた人に似合わぬ、小さなむさくるしいものであった。その日、用談が済んで、社長が社に帰られた時、何をいわれるかと思ったら、「あんな汚い宿に泊まるような人なら、恐らく間違いはあるまい」とのことであった。故村山社長は、よくそんなことで人を見られる人であった。

杉村楚人冠
（朝日新聞社蔵）

世間には、金ができたら新聞事業をやってみたいという人が随分ある。こんな人は金さえあれば新聞紙ができるものと思っているらしい。なるほど金さえあれば、広壮な社屋を建てることもできようし、快速な印刷機械をはじめ、斬新な精巧な各種の機械を買い入れることもできよう。しかし、人を集めることだけは、決して金の力ばかりでできるものではない。

今日、朝日新聞が天下に雄視するゆえんのものは社屋でも機械でもない。一に人だ、と私はいつも思っている。朝日新聞ほどの家を建て、朝日新聞ほどの機械を据え付けることは、金さえあればできることだが、今、朝日新聞に集まっているだけの人材を集めることは、一〇年や二〇年の間にできることでもないし、五〇〇万や一千万円のはした金でなし得ることでもない。まず、人材を見分けるという特殊の視力が要る。この特殊の視力を、わが村山社長は多分に持っておられた。この視力が社長の何よりもえらい力であり、この視力によって永い年月の間に次第に集められた人材は、朝日新聞の何よりもえらい力である。

「能く人を知り、能く人に任じ、能く人をしてその材を伸ばさしめ、然も人をして去る能わざらしめたるもの、村山翁の成功者たるゆえんにおいて、決して不思議はあるまい」と、徳富蘇峰翁は評しているが、けだしこれは至言である。故社長を知ること深きものにして初めていい得ることと、私は推服している。

村山社長は人を見ることが早かった。宿屋の汚いところから下村海南の人物を看破ったのは、その一例である。村山社長はよく人に任じた。一たび任じた以上は、その人のなすがままに任せて、こせこせと、いろいろいわなかった。東京朝日新聞の編集の如きを全然、東京任せにしてあったのでも、その悠揚たる態度が察せられる。

村山社長は人を採るに私心を交えなかった。東西両朝日新聞社中に何千人とある従業員の中に、故社長の親類縁者というような人がほとんどまったくないといってもいいほどに少なかったことが、何よりも雄弁にこれを語っている。この点において、社長としての村山さんは殊にさっぱりしていた。器により、材により人を採るが、縁のみによっては、決して人を採らなかった。その点は実に心にくきまで徹底していられた。

故社長は能く人を知り、能く人に任じたが、同時に能く人を化した。しかし、その化は筆舌の上で強いて人を「教化」せんとする体のものではなくて、いわゆる無為にして化するものであった。

清廉自ら持して私曲を憎むこと蛇蝎の如くなりし社長は、社内をしてことごとく清廉を期し、私曲を憎ましめた。情実を排して情理兼ね到らんことを期せしめた。社長が一人一業主義を取り、かつて他会社の株の一つをだに所持せず、社が定時臨時に行うところの諸般の企業計画は事毎にその収支を明らかにして、その間、一銭一厘の私利を営なましめず、潮の如く寄せくる名誉会長、総裁、顧問、賛助員、名誉会員などにその名を連ねんことの依頼を、ことごとく一蹴し去って、一新聞経営者としてのみ終始した翁の面目は、どれだけ社内を刺激し、激励して、叶わぬまでも、これに近からんことを思わしめたことか。

朝日新聞社内の人々に一種の朝日新聞気風があって、何んとはなく他と異なるところあるは、一に、まったく故社長の無為の化の成果と、私は見る。村山社長は亡くなられても、この気風は永くなくなるまい。

（「故村山社長追悼号」二二三頁）

龍平の横顔7　龍平流の家族主義

龍平の目指した会社経営は一種の家族主義であった。経営規模が小さく、従業員が少ない頃は、毎年秋になると、有馬にあった龍平の別荘の近くの松林で松茸狩りをし、鍋をつくってにぎやかな青空宴会を楽しんだ。これには龍平の妻や娘も参加した。社員たちも秋になると、松茸狩りを楽しみにしていたという。また、龍平は創業から二年後に、「発行部数が一〇万部を超えたら、伊勢神宮参拝旅行に、社員全員を招待する」と約束した。それは明治三二年（一八九九）に実現したが、その時の龍平のはしゃぎぶりに社員たちも驚いたという。

龍平は公平公正な新聞づくりとともに、社員が豊かな生活を送れるようにすることを重視した。基本的に人員整理はせず、給与は業界最高を維持した。このため、「朝日に入社すれば、食いっぱぐれはない」というのが業界常識となり、長期勤続率は他社を圧倒した。龍平は社員の家庭事情を調べ上げており、人事異動の際な

大正12年有馬兵衛で浴衣姿の龍平（前列中央）
（朝日新聞社蔵）

伊勢神宮式年遷宮祭に参列した龍平
（朝日新聞社蔵）

どには家族の事情にも配慮した。

龍平は饒舌ではないが、懇談の名手であった。とりわけ、若い社員との懇談を好んだ。龍平が丸みのある、響きのいい声でしゃべりだすと、若手社員が自然に集まってくる光景がよく見られた。

若者たちと「連れしょん」をした後、若者が閉め忘れた水道の水栓を無言で閉める龍平の姿を見た人も多い。

龍平の横顔8　故郷への感謝を忘れず

龍平は一九歳で故郷の田丸城下（今日の玉城町）を離れ、半世紀以上、大阪で活動したにもかかわらず、故郷への感謝を忘れず、町民との絆を保ち続けた。彼は、とりわけ田丸城址に愛着を抱いていたので、国が同城址を払い下げることが分かると巨額の三万円で獲得し、町民のための公園にするように町に寄付した。現在、城址には「幾千とせ　かはらぬことを祈るなりこの城山は　このさとの神」という龍平の歌を刻んだ石碑が建っている。

龍平は、旧藩主の久野家の菩提寺であった大得寺が火災で廃寺になりかけた時に再建に尽くした。町の小学校に講堂がないと知った時は講堂を建てた。「町の子供たちがプールを欲しがっている」と訴えられた時には、六コースの五〇メートルプールを町に贈った。

龍平は超多忙であったから、たびたび帰郷することはできなかった。しかし、帰郷した時は、学校にも出かけて、生徒たちと直接話して交流した。

今日、龍平と玉城町民の絆を紡いでいるのは、昭和五八年四月三日、竣工・開館した町立・村山龍平記念館だ。鉄筋二階建、延べ六七八平方メートルの規模だが、龍平ゆかりの遺品や、彼が収集した刀剣類、美術品などが多数収納されている。この記念館の建設費は一億四〇〇〇万円を要したが、そのうち八〇〇〇万円は村山家が寄付した。

毎年四月には村山龍平記念祭が行われ、青少年も含めて、多くの町民が集い、龍平の遺徳をしのんでいる。

参考文献

『大阪朝日新聞』
『東京朝日新聞』
『大阪公論』
『東京公論』
『大阪毎日新聞』
『東京日日新聞』
『國華』
『国会』新聞
朝日新聞百年史編修委員会編『朝日新聞社史　明治編』（朝日新聞社、一九九五年）
朝日新聞百年史編修委員会編『朝日新聞社史　大正・昭和戦前編』（朝日新聞社、一九九五年）
朝日新聞社『朝日新聞の九十年』（朝日新聞社、一九六九年）
朝日新聞社大阪本社社史編集室編『村山龍平伝』（朝日新聞社、一九五三年）
　＊一二〇〇頁超の本格的評伝だが、内容的には龍平の評伝というより、朝日新聞社史。
朝日新聞社編修室編『上野理一伝』（朝日新聞社、一九五九年）
朝日新聞社編修室編『人を主とした朝日新聞外史（朝日新聞編年史　別巻）』（朝日新聞社、一九七一年）

朝日新聞社編修室編『朝日人回想録（朝日新聞編年史　別冊）』（朝日新聞社、一九七二〜七三年）
朝日新聞社編修室編『辰井梅吉略伝（大阪朝日新聞編年史　明治二八年別冊）』（朝日新聞社、一九七三年）
朝日新聞編年史の別巻『小西勝一と朝日新聞』
朝日新聞編年史の別巻・清水三郎氏の記述分
『朝日新聞社報集』
有山輝雄『陸羯南』（吉川弘文館、二〇〇七年）
有山輝雄『「中立」新聞の形成』（世界思想社、二〇〇八年）
池辺一郎・富永健一『池辺三山――ジャーナリストの誕生』（みすず書房、一九八九年）
岡満男『大阪のジャーナリズム』（大阪書籍、一九八七年）
嘉治隆一『明治以後の五大記者――兆民・鼎軒・雪嶺・如是閑・竹虎』（朝日新聞社、一九七三年）
熊倉功夫『近代数寄者の茶の湯』（河原書店、一九九七年）
玉城町史編纂委員会編纂『玉城町史』上巻（玉城町、一九九五年）
玉城町史編纂委員会編纂『玉城町史』下巻（玉城町、二〇〇五年）
岩崎澄雄編著『村山家関係略系譜と龍平翁ゆかりの遺品・資料目録（私家版）』（二〇一一年）
水尾比呂志著、國華社監修『國華の軌跡――名品探索百十年』（朝日新聞社、二〇〇三年）
土屋礼子編著『近代日本メディア人物誌――創始者・経営者編』（ミネルヴァ書房、二〇〇九年）
土屋礼子・井川充雄編著『近代日本メディア人物誌――ジャーナリスト編』（ミネルヴァ書房、二〇一八年）
辻田真佐憲「白虹事件から一〇〇年　いまも変わらない言論弾圧事件　自由を圧迫する「社会的なるもの」」（『Journalism』朝日新聞社、二〇一八年一月号）。

あとがき——尊いリベラリズムの伝統

私は一九六一年春から約三七年間、朝日新聞社で記者生活を過ごした。地方記者から始めて、経済記者、論説委員、編集委員と、さまざまな立場から、世の中を観察し、レポートし、論評してきた。率直にいって、きわめて楽しい三七年間であった。

もちろん、「新聞業界で最も官僚的な存在」といわれる朝日新聞社であるから、上司のパワハラ、いろいろな人からの嫌がらせなど、不愉快なことも多数あった。しかし、三七年間の記者生活が楽しかったのは、記事の執筆を強いられることも、執筆を禁じられることもまったくなく、書きたい記事を自由に書いて記者生活を送れたからである。

他社の友人に聞くと、他社では必ずしも、そうはいかないようだ。執筆の強要・拒絶も少なくはなく、「筆者の意図と関係なく、デスクが原稿を大幅に書き直すなんて、日常茶飯事」という証言さえある。朝日新聞社内でも、「あなたのように、自由な記者生活を送ってきた人は、編集全体で一〇人位のものですよ」といった不満を同僚や後輩からぶつけられたこともあった。そうした場合、私は、よく「私が自由にものが書けたのは、パワハラなどと戦った結果ですよ。ジャーナリストは、まず勇気を出して戦わなければ」と反論した。

しかし、いま、そうしたやり取りを振り返ってみると、私の反論は必ずしも正しくない。「ジャーナリストは戦わなくてはならない」という主張は正しいとしても、日本のジャーナリズムを見渡した時、現実の問題として、戦っても、自由に物が書ける可能性がどれだけあるかを考えると、悲観的にならざるを得ないのである。

私の考えに変化が生じたのは、昨年秋、新しい村山龍平評伝を執筆するために、資料をかなり読み進んだ時である。

村山龍平の八三年余の人生を回顧してみると、欧米で民主主義を目の当たりにして学んだ経験があるわけでなく、もともと貴族主義的性格さえ持っていた龍平が、朝日新聞社の創立者としては、リベラリズム（自由主義）を礎とする社風の新聞社を立ち上げたのである。しかも、その伝統は軍国主義の嵐と敗戦の打撃を超えて、第二次大戦後の『朝日新聞』の中に生き残ったようだ。だからこそ、戦後の記者の中にも少数ながら「自由にものを書ける」という幸運に恵まれた者がいたのではないだろうか。

『朝日新聞』が日本を代表する新聞に発展した最大の要因は、編集、営業をはじめ、あらゆる部門での人材集めに成功したことにある。その中心となったのはもちろん龍平であるが、驚くべきは、人材を見抜く眼力だけでなく、彼が集めた人材の幅の広さである。高橋健三、三宅雪嶺、杉浦重剛ら、保守系列の大物から、河上肇や大山郁夫ら、当時、左翼と見られていた俊英まで、権力の側に立たない、あらゆる人材を集めた。その結果、『朝日新聞』の読者は、一方的な見方や考え方に偏らない、非常に幅広い言論に日常的に接することができた。

近年、ジャーナリズムの世界的傾向として、保守系の新聞は雑報も論評も保守的な視点からのものに偏り、進歩的な新聞は全体的に進歩的な紙面を作っているが、そうした新聞よりも、龍平が目指したようなリベラルな新聞の方が、読者にとって望ましいのではないだろうか。戦後の『朝日新聞』の場合、六〇年代から七〇年代にかけての中国の文化大革命についての報道や、数年前に世間から批判を浴びた韓国の従軍慰安婦問題についての扱い方では、「独りよがり」が目立った。これは龍平が全力を注いで築いた「国民に愛されるリベラルな新聞」を否定するものである。

龍平が、ひとたび信じて採用した人材を任じきったことは、リベラルな新聞をつくる上で重要なことであった。しかし、これは、徳富蘇峰も指摘しているように、後継の「サラリーマン社長」にやれといっても、しょせん無理なことだったかもしれない。ただ、「サラリーマン社長」といえども、龍平のリベラルな新聞への発想を強く意識し、業績への尊敬を忘れなければ、創業者が築き上げたリベラリズムの伝統をもっと確かな形で守ることができたはずである。

世界の情報社会は、一九九〇年代からＩＴ（情報科学）技術の進歩によって急速に変わった。とりわけ二〇一〇年以降は、スマートフォンなど革新的な端末の登場によって、情報革命が急展開している。その結果、新聞は斜陽産業になり下がった。

もし、龍平が今日の社会に生きていたら、どのように行動したであろうか。

彼は情報科学の進化を全面的に受け入れ、単に新聞、テレビ、インターネットの長所を取り込んだだけではない、まったく新しいタイプの情報提供会社を立ち上げようとするのではないだろうか。この場合、重要なのは、利用者が情報を手軽に得られると同時に、情報は正しくなくてはならないことである。いわゆる「フェイクニュース」（嘘のニュース）は一文の価値もないだけでなく、社会にとって有害である。また、提供された情報の幅が広くなければ、利用者は情報の正否を判断することができない。

村山龍平は、『朝日新聞』の創刊間もない明治一五年七月一日付の論文「吾朝日新聞の目的」において、「新聞紙は以て江湖の輿論を載するものなり」と、『朝日新聞』の基本的指針を謳い上げた。今日の新しいタイプの情報提供会社にとっても、社会の木鐸を目指すのであれば、基本的指針は違わないのではないか。これに加えて、その会社は龍平が立ち上げた『朝日新聞』にも増して、ガバナンスが確立されていなくてはならない。新聞経営者はいうまでもなく、すべてのマスコミ経営者がこの原点を忘れないでほしい。

最後に、相当難航した、この評伝執筆を助けてくださった多くの方々にお礼を申し上げたい。皆様の御助力がなければ、中之島香雪美術館開館に合わせた刊行に間に合わなかったかもしれない。

香雪美術館の内海紀雄館長をはじめ、安冨幸雄さんらスタッフには、さまざまのことで特にお世話になった。

三重県玉城町の文化財調査委員会委員の岩崎澄雄さんには、龍平ゆかりの場所を案内していただいたうえ、多数の資料を提供していただいた。

朝日新聞社史編修センター長の前田浩次さんは、資料探しとともに、細かな校正も手伝ってくださった。心から感謝する。他の多くの朝日新聞社ＯＢにも助けていただいた。

有山輝雄さん（メディア史研究者）と熊倉功夫さん（国立民族学博物館名誉教授）は、筆者が疎い専門的知識を快く提供してくださった。

ミネルヴァ書房編集部の田引勝二さんは、私の執筆の遅れを待つだけでなく、たびたびの激励の言葉で私を元気づけてくださった。

今日、龍平に会ったことのある唯一の生存者と思われる孫の村山美知子さん（朝日新聞社社主）は、病床にあるのにもかかわらず、私の二回の取材に応じてくださった。深く感謝申し上げる。もっとお元気なうちにお話を伺っていれば、評伝の内容がより豊かになったと思われるだけに、残念でならない。

二〇一八年二月末　やっと春めいたイギリス大使館の緑を見やりながら

早房長治

村山龍平年譜

和暦	西暦	齢	関係事項	一般事項
嘉永　三	一八五〇	0	**4・3**伊勢国田丸（現在の三重県玉城町）に生まれる。守雄の長男、母は鈴緒、幼名直輔、後に眞木太に改名する。	
慶応　三	一八六七	16	**3月**無禄城番出仕を命じられる。剣道のほか砲術を学び、成績抜群のために褒章される。	
明治　元	一八六八	17		明治維新。五箇条の御誓文の発布。
二	一八六九	19	**5月**版籍奉還のため、田丸を引き払い、宮川の川端に移る。	
四	一八七一	21	**2月**一家を挙げて大阪に移住する。**12月**父守雄が隠居し、家督を相続して龍平となる。	
五	一八七二	22	**11月**西洋雑貨商を営み、商号を田丸屋とする。	
八	一八七五	25	木村平八の媒酌で津田寅次郎の姉、安枝と結婚する。	
九	一八七六	26	木村平八と協同して西洋雑貨店「玉泉舎」を経営す	

			る。	
一一	一八七八	28	大阪商法会議所が設立され、その議員となる。	
一二	一八七九	29	1・8『朝日新聞』発行を決定し、持主村山龍平名義で届け、許可を得る。社屋を大阪・西区江戸堀南通一丁目に設け、準備に着手。資本主木村平八、経営担当者木村騰、編集主幹津田貞。1・25『朝日新聞』第一号発行。6月社屋を京町堀通二丁目に移転。	
一三	一八八〇	30	龍平、朝鮮貿易を志し、同業者二人と協同出資で創業。上野理一と小西勝一が入社。津田貞が退社。	
一四	一八八一	31	1月朝日新聞社の経営権、木村平八の手を離れ、龍平に。龍平と上野が匿名組合をつくり、共同経営に。	
一八	一八八五	35	6月社屋を中之島三丁目に移転。7月大洪水で本紙全部を印刷できず。12月織田純一郎が入社。	
一九	一八八六	36	6月龍平夫人安枝が死去（享年三〇）。7月龍平母堂鈴緒が死去（享年五五）。	
二〇	一八八七	37	5月大井憲太郎らの国事犯事件公判報道で、速記を採用。12月龍平、大阪府会議員に選挙される。	
二一	一八八八	38	2月龍平、大阪府会議員を辞す。3月小林卓斎長女、萬寿と結婚。7月『東京朝日新聞』を創刊。9月東京朝日新聞社を京橋区滝山町四番地に移す。	『大阪毎日新聞』が創刊される。

二二	一八八九	39	1月大阪での発行を『大阪朝日新聞』とする。『大阪公論』『東京公論』を刊行する。2月発布された帝国憲法、皇室典範の全文を即刻、電報で大阪に送り、号外を発行、世人を驚かせる。	大日本帝国憲法、皇室典範などを発布。
二三	一八九〇	40	2月マリノニ輪転機購入のため、津田寅次郎をパリに特派。3月東京の一六新聞社が同盟し、朝日新聞社の販売の圧迫を試みたが失敗。5月『大阪公論』を廃刊に。7月龍平の父守雄死去（享年七三）。11月東京の『大同新聞』を買収、『東京公論』と併せて新聞『国会』を発行。三宅雪嶺、幸田露伴、志賀重昂ら豪華な執筆陣。帝国議会の議事録速記を付録として初めて刊行。	第一回帝国議会開く。
二四	一八九一	41	3月龍平、大阪府選出の衆議院議員に当選する。8月東京の一七新聞社が再び同盟して朝日新聞社の販売を圧迫せんと試みる。朝日新聞は強硬に反撃し、勝利する。8月『東京朝日新聞』、「内務大臣に忠告す」と題する社説のために、一週間の発行停止を命じられる。	
二五	一八九二	42	2月議会解散による総選挙で、龍平が再び当選。5月マリノニ輪転機を大阪本社に据え付ける。東京本	

			社の二台と併せ、三台となる。	
二六	一八九三	43	1月高橋健三が客員となり、論説を担当。8月村山と上野、共同出資して國華社を経営。	
二七	一八九四	44	3月龍平が衆議院議員に三度当選。9月内藤湖南が入社。	日清戦争が勃発。
二八	一八九五	45	6月辰井梅吉が入社。10月朝日新聞社が合名組織に。12月新聞『国会』を廃刊に。	日清休戦条約。三国干渉で山東省を清国に返還。
二九	一八九六	46	9月高橋健三が客員を辞し、松方内閣書記官長に。12月池辺三山が入社。内藤湖南が退社。	
三〇	一八九七	47	9月松山哲堂が入社。12月鳥居素川が入社。	
三一	一八九八	48	9月高橋健三が死去（享年四四）。	最初の政党内閣、隈板内閣が成立。
三二	一八九九	49	1月原田棟一郎が入社。4月神武天皇祭で、龍平、全従業員と伊勢神宮参拝。	フランスが広州湾を租借。
三三	一九〇〇	50	7月内藤湖南が再入社。	北清事変が起こる。
三五	一九〇二	52	3月龍平が御影の自邸で十八会（紳士茶会）を催す。	日英同盟調印。
三七	一九〇四	54	1月『大阪朝日』第二面の短評に「天声人語」の標題を冠する。3月二葉亭四迷が入社。津田寅次郎に朝日式輪転機をつくらせる。	日露戦争が勃発。
三八	一九〇五	55		ポーツマスにて日露休戦条約の

四〇	一九〇七	57	1月渋川玄耳が入社。4月夏目漱石が入社、「虞美人草」を掲載。	議定書。
四一	一九〇八	58	9月漱石の「三四郎」を掲載。10月大阪、東京両社を合併し、従来の合名組織を合資会社に。龍平が社長、上野理一が監査役となり、以後、二人が一年交代に。	
四二	一九〇九	59	5月二葉亭四迷が露都よりの帰途、船中で病死（享年四六）。	
四三	一九一〇	60	3月上野精一が入社し、東京朝日新聞社営業部長に。	日韓併合。
四四	一九一一	61	3月米人マースの大飛行会を大阪練兵場で。目黒競馬場でも。12月東京朝日新聞主筆・池辺三山が辞任。	関税自主権の確立。辛亥革命。
四五 大正 元	一九一二	62	2月池辺三山が死去（享年四九）。6月米人アトウォーターが西宮海岸で水上飛行会。	7月明治天皇が崩御。
二	一九一三	63	5月武石浩玻が日本人初の飛行会。京都深草練兵場で墜死。	
三	一九一四	64		第一次世界大戦が勃発。
四	一九一五	65	8月第一回全国中等学校優勝野球大会を豊中グラウンドで開催。12月帝国飛行協会主催、朝日新聞社後援の飛行大会を開催。	

五	一九一六	66	1月米人ナイルスの宙返り飛行会を鳴尾飛行場で。4月米人アート・スミスの夜間宙返り飛行会を鳴尾競馬場で。6月インド詩人タゴールの講演会を主催。村山邸で茶会。10月大阪本社が新築落成。12月夏目漱石が死去（享年五〇）。	
七	一九一八	68	8月関西の新聞社八六社連合の寺内内閣弾劾記者大会を開催。『大阪朝日新聞』夕刊掲載の記者大会の記事中に新聞紙条例違反の字句ありとして、発行責任者と記者が起訴される（白虹事件）。12月白虹事件判決があり、それぞれに禁固二月の言い渡し。	富山県下で米騒動発生、全国に波及。第一次世界大戦が休戦。シベリア出兵。
八	一九一九	69	8月合資会社を株式会社に改組、株主総会で、村山龍平を社長に、上野精一を専務取締役に選任。12月上野理一が死去。	
九	一九二〇	70	5月イタリアの訪問飛行機二機、大阪に到着。大阪本社楼上で大歓迎会を開催。11月東京朝日新聞社の新社屋、銀座・滝山町に落成。	国際連盟が発足。
一〇	一九二一	71	9月下村海南が入社、取締役に就任。11月英国の新聞王ノースクリフ卿、大阪本社を訪問。	皇太子・裕仁親王が摂政に。ワシントン軍縮会議。
一一	一九二二	72	7月石井光次郎が入社、経理部長に就任。	
一二	一九二三	73	1月東京・大阪間で定期航空を開始。9月関東大震	関東大震災が起きる。

			災で東京朝日新聞社が全焼、帝国ホテルに臨時編集局を設置。**11月**フランス共和国が龍平にレジオンドヌール勲章シュヴァリエを贈る。フランスからの叙勲は大正一三年、昭和三年にも。	
一三	一九二四	74	**2月**吉野作造、柳田国男が入社。吉野は舌禍事件で六月退社。**7月**西村天囚が死去（享年六〇）。**8月**第一〇回全国中等学校優勝野球大会を甲子園球場で開く。	
一四	一九二五	75	**4月**東西定期航空で日本初の「定期郵便飛行」を開始。**7月**朝日主催の訪欧飛行機「初風」「東風」、代々木練兵場を出発。**10・27**ローマに安着。	普通選挙法、治安維持法が公布される。ラジオ放送開始。
一五 昭和元	一九二六	76	**4月**渋川玄耳が死去（享年五五）。**7月**『訪欧大飛行誌』（一〇〇〇頁）を刊行。**10月**朝日会館が落成。	**12月**大正天皇が崩御。
二	一九二七	77	**4月**東京朝日新聞社の新社屋、数寄屋橋畔に新築落成。**6月**「明治大正名作展覧会」を東京府美術館で開催、入場者一七万人に及ぶ。	
三	一九二八	78	**1月**朝日式高速輪転機を増設、東京一二台、大阪一七台体制に。龍平、国から伊勢・田丸城址、九町九段歩の払い下げを受け、田丸町に寄付。**2月**『大阪朝日新聞』が普選前日、京阪神上空からビラ一〇万	中国・済南事件が発生。普通選挙法による最初の総選挙。

			枚を散布。3月鳥居素川が死去（享年六二）。11月東西の朝日新聞社屋に電光ニュース装置。	
四	一九二九	79	1月『朝日新聞』創刊五〇周年の記念祝賀式。「朝日賞」を設定。4月日本航空輸送の設立に伴い、東西定期航空を無償譲渡。	ニューヨーク株式が大暴落（世界大恐慌へ）。
五	一九三〇	80	1月ドイツ共和国から龍平にドイツ赤十字第一等名誉章が贈られる。2月下村海南が副社長に就任。4月日本学生航空連盟が発足。12月龍平、貴族院議員に勅選される。	金解禁。ロンドン軍縮会議。
六	一九三一	81	3月『週刊朝日』五〇〇号を記念して、ミス日本を募集。5月三重県玉城町民により、先に龍平が寄付した同町城山公園に懐郷の歌の記念碑を建立し、除幕式が行われた。日本学生航空連盟の「青年日本号」が訪欧飛行に出発。	満州事変が勃発。
七	一九三二	82	3月満州国建国式が行われ、龍平が溥儀執政に祝電を送る。7月龍平が田丸町の旧屋敷跡を公園用地として同町に寄付。10月龍平、大阪朝日新聞社の通信会議に出席し、最後の訓示。わが国最初のオートジャイロ機を購入。	満州国が建国される。五・一五事件が発生。
八	一九三三	83	11・24龍平、御影の自邸で逝去。勲一等瑞宝章を賜	日本が国際連盟を脱退。

り、従四位に叙せられる。11・29社葬の礼をもって大阪朝日会館で葬儀を行った。

*廣池千九郎　橋本富太郎
岩村透　今橋映子
*西田幾多郎　大橋良介
*金沢庄三郎　石川遼子
柳田国男　鶴見太郎
厨川白村　張競
村岡典嗣　水野雄司
大川周明　山内昌之
西田直二郎　林淳
折口信夫　斎藤英喜
シュタイン　瀧井一博
*西周　清水多吉
*福澤諭吉　平山洋
成島柳北　山田俊治
福地桜痴　山田俊治
*村山龍平　早房長治
島田三郎　武藤秀太郎
田口卯吉　鈴木栄樹
*陸羯南　松田宏一郎
黒岩涙香　奥武則
長谷川如是閑　織田健志
*吉野作造　田澤晴子
山川均　米原謙
*岩波茂雄　十重田裕一
*北一輝　岡本幸治
*穂積重遠　大村敦志
中野正剛　吉田則昭
*満川亀太郎　福家崇洋
エドモンド・モレル　林田治男
*北里柴三郎　福田眞人

高峰譲吉　木村昌人
田辺朔郎　秋元せき
*南方熊楠　飯倉照平
石原純　金子務
*辰野金吾　河上眞理・清水重敦
*七代目小川治兵衛　尼崎博正
本多静六　岡本貴久子
ブルーノ・タウト　北村昌史

現代

昭和天皇　御厨貴
高松宮宣仁親王　後藤致人
*李方子　小田部雄次
吉田茂　中西寛
マッカーサー　柴山太
鳩山一郎　楠綾子
*石橋湛山　増田弘
重光葵　武田知己
市川房枝　村井良太
*池田勇人　藤井信幸
高野実　篠田徹
和田博雄　庄司俊作
朴正熙　木村幹
田中角栄　新川敏光
宮沢喜一　村上友章
竹下登　真渕勝
*松永安左エ門　橘川武郎

鮎川義介　井口治夫
*出光佐三　橘川武郎
松下幸之助　米倉誠一郎
渋沢敬三　井上潤
*本田宗一郎　伊丹敬之
井深大　武田徹
*佐治敬三　小玉武
幸田家の人々　金井景子
*正宗白鳥　大嶋仁
*大佛次郎　福島行一
*川端康成　大久保喬樹
*薩摩治郎八　小林茂
坂口安吾　千葉一幹
太宰治　安藤宏
松本清張　杉原志啓
安部公房　鳥羽耕史
*三島由紀夫　島内景二
井上ひさし　成田龍一
R・H・ブライス　菅原克也
柳宗悦　熊倉功夫
バーナード・リーチ　鈴木禎宏
イサム・ノグチ　酒井忠康
熊谷守一　古川秀昭
川端龍子　岡部昌幸
藤田嗣治　林洋子
*井上有一　海上雅臣
*手塚治虫　竹内オサム
古賀政男　藍川由美

*吉田正　金子勇
武満徹　船山隆
*八代目坂東三津五郎　田口章子
*力道山　岡村正史
*西田天香　宮田昌明
安倍能成　中根隆行
サンソム夫妻　平川祐弘・牧野陽子
*天野貞祐　貝塚茂樹
和辻哲郎　小坂国継
矢代幸雄　稲賀繁美
石田幹之助　岡本さえ
*平泉澄　若井敏明
*早川孝太郎　須藤功
安岡正篤　片山杜秀
青山二郎　田野勲
島田謹二　小林信行
田中美知太郎　川久保剛
前嶋信次　杉田英明
*唐木順三　澤村修治
亀井勝一郎　山本直人
知里真志保　北原治郎太
*保田與重郎　谷崎昭男
石母田正　磯前順一
*福田恆存　川久保剛
井筒俊彦　安藤礼二
佐々木惣一　伊藤孝夫
小泉信三　都倉武之
*瀧川幸辰　伊藤孝夫
式場隆三郎　服部正

大宅壮一　有馬学
清水幾太郎　庄司武史
*フランク・ロイド・ライト　大久保美春
*中谷宇吉郎　杉山滋郎
今西錦司　山極寿一

*は既刊
二〇一八年四月現在

＊岩瀬忠震　小野寺龍太
＊栗本鋤雲　小野寺龍太
大村益次郎　竹本知行
河井継之助　小川和也
＊西郷隆盛　家近良樹
由利公正　角鹿尚計
＊塚本明毅　塚本学
＊月性　海原徹
＊吉田松陰　海原徹
＊高杉晋作　海原徹
久坂玄瑞　一坂太郎
ペリー　遠藤泰生
ハリス　福岡万里子
オールコック　佐野真由子
アーネスト・サトウ　奈良岡聰智
緒方洪庵　米田該典

近代

＊明治天皇　伊藤之雄
＊大正天皇　F・R・ディキンソン
＊昭憲皇太后・貞明皇后　小田部雄次
大久保利通　三谷太一郎
山県有朋　鳥海靖
木戸孝允　落合弘樹
井上馨　伊藤之雄
＊松方正義　室山義正
北垣国道　小林丈広
板垣退助　小川原正道

長与専斎　笠原英彦
大隈重信　五百旗頭薫
伊藤博文　坂本一登
＊井上毅　大石眞
＊井上勝　老川慶喜
＊桂太郎　小林道彦
＊渡邉洪基　瀧井一博
＊乃木希典　佐々木英昭
星亨　小林道彦
林董　奈良岡聰智
＊児玉源太郎　小林道彦
＊高宗・閔妃　木村幹
山本権兵衛　室山義正
＊金子堅太郎　松村正義
高橋是清　鈴木俊夫
小村寿太郎　簑原俊洋
＊犬養毅　小林惟司
原敬　季武嘉也
＊加藤高明　櫻井良樹
牧野伸顕　小宮一夫
田中義一　黒沢文貴
内田康哉　高橋勝浩
石井菊次郎　廣部泉
平沼騏一郎　堀田慎一郎
＊鈴木貫太郎　小堀桂一郎
宇垣一成　北岡伸一
＊宮崎滔天　榎本泰子
＊浜口雄幸　川田稔
幣原喜重郎　西田敏宏
関一　玉井金五
水野広徳　片山慶隆

広田弘毅　井上寿一
安重根　上垣外憲一
＊グルー　廣部泉
＊永田鉄山　森靖夫
東條英機　牛村圭
今村均　前田雅之
蒋介石　劉岸偉
石原莞爾　山室信一
近衛文麿　庄司潤一郎
＊岩崎弥太郎　武田晴人
伊藤忠兵衛　末永國紀
五代友厚　田付茉莉子
大倉喜八郎　村上勝彦
＊安田善次郎　由井常彦
渋沢栄一　武田晴人
中野武営　佐賀香織
益田孝　鈴木邦夫
山辺丈夫　宮本又郎
武藤山治　阿部武司・桑原哲也
池田成彬　松浦正孝
西原亀三　森川正則
小林一三　橋爪紳也
大倉恒吉　石川健次郎
大原孫三郎　猪木武徳
＊河竹黙阿弥　今尾哲也
イザベラ・バード　加納孝代
＊林忠正　木々康子
＊森鷗外　小堀桂一郎
＊二葉亭四迷　ヨコタ村上孝之
＊夏目漱石　佐々木英昭

徳冨蘆花　半藤英明
巌谷小波　千葉信胤
樋口一葉　佐伯順子
＊島崎藤村　十川信介
泉鏡花　東郷克美
上田敏　小林茂
＊有島武郎　亀井俊介
永井荷風　川本三郎
北原白秋　平石典子
菊池寛　山本芳明
芥川龍之介　高橋龍夫
＊宮沢賢治　千葉一幹
高浜虚子　坪内稔典
与謝野晶子　佐伯順子
＊種田山頭火　村上護
＊斎藤茂吉　品田悦一
＊高村光太郎　湯原かの子
石川啄木　先崎彰容
萩原朔太郎　エリス俊子
＊原阿佐緒　秋山佐和子
＊狩野芳崖・高橋由一　古田亮
川村清雄　落合則子
＊小堀鞆音　小堀桂一郎
竹内栖鳳　北澤憲昭
黒田清輝　高階秀爾
中村不折　石川九楊
横山大観　高階秀爾
＊橋本関雪　西原大輔
小出楢重　芳賀徹
土田麦僊　天野一夫

岸田劉生　北澤憲昭
濱田庄司　濱田琢司
＊山田耕筰　後藤暢子
松旭斎天勝　川添裕
中山みき　鎌田東二
佐田介石　谷川穣
＊ニコライ　中村健之介
＊出口なお・王仁三郎　川村邦光
島地黙雷　阪本是丸
＊新島襄　太田雄三
新島八重　佐伯順子
木下広次　冨岡勝
海老名弾正　西田毅
嘉納治五郎
クリストファー・スピルマン
柏木義円　片野真佐子
津田梅子　田中智子
＊澤柳政太郎　新田義之
河口慧海　高山龍三
山室軍平　室田保夫
大谷光瑞　白須淨眞
＊久米邦武　髙田誠二
フェノロサ　伊藤豊
井上哲次郎　井ノ口哲也
三宅雪嶺　長妻三佐雄
＊岡倉天心　木下長宏
志賀重昂　中野目徹
徳富蘇峰　杉原志啓
＊竹越与三郎　西田毅
内藤湖南・桑原隲蔵　礪波護

南北朝・室町

後醍醐天皇　上横手雅敬
*護良親王　新井孝重
*懐良親王　森　茂暁
*赤松氏五代　渡邊大門
*北畠親房　岡野友彦
楠正成　兵藤裕己
楠木正行・正儀　生駒孝臣
*新田義貞　山本隆志
*光厳天皇　深津睦夫
足利尊氏　市沢　哲
*足利直義　亀田俊和
佐々木道誉　下坂　守
細川頼之　亀田俊和
円観・文観　田中貴子
足利義詮　早島大祐
足利義満　川嶋將生
*足利義持　吉田賢司
足利義教　横井　清
足利義政　木下昌規
*大内義弘　平瀬直樹
伏見宮貞成親王　松薗　斉
*山名宗全　山本隆志
細川勝元・政元　古野　貢
畠山義就　呉座勇一
足利成氏　阿部能久
世阿弥　西野春雄
雪舟等楊　河合正朝
宗祇　鶴崎裕雄
*満済　森　茂暁
一休宗純　原田正俊
蓮如　岡村喜史

戦国・織豊

北条早雲　家永遵嗣
*北条氏政　黒田基樹
大内義隆　藤井　崇
斎藤氏三代　木下　聡
*毛利元就　岸田裕之
*毛利輝元　光成準治
小早川隆景・秀秋　光成準治
六角定頼　村井祐樹
*今川義元　小和田哲男
*武田信玄　笹本正治
*武田勝頼　笹本正治
*真田氏三代　笹本正治
*三好長慶　天野忠幸
松永久秀　天野忠幸
*宇喜多直家・秀家　渡邊大門
*上杉謙信　矢田俊文
大友宗麟　鹿毛敏夫
島津義久・義弘　福島金治
*長宗我部元親・盛親　平井上総
浅井長政　長谷川裕子
吉田兼倶　西山　克
山科言継　松薗　斉
*雪村周継　赤澤英二
正親町天皇・後陽成天皇　神田裕理
足利義輝・義昭　山田康弘
織田信長　三鬼清一郎
織田長益　八尾嘉男
豊臣秀吉　藤井讓治
豊臣秀次　矢部健太郎
*北政所おね　田端泰子
*淀殿　福田千鶴
蜂須賀正勝・家政　三宅正浩
前田利家　東四柳史明
山内一豊・忠義　長屋隆幸
*黒田如水　小和田哲男
*蒲生氏郷　藤田達生
石田三成　堀越祐一
*細川ガラシャ　田端泰子
伊達政宗　伊藤喜良
*支倉常長　田中英道
千利休　熊倉功夫
*長谷川等伯　宮島新一
顕如　神田千里
教如　安藤　弥

江戸

*徳川家康　笠谷和比古
本多忠勝　柴　裕之
*徳川家光　野村　玄
徳川吉宗　横田冬彦
*後水尾天皇　久保貴子
後桜町天皇　所　京子
光格天皇　藤田　覚
崇伝　杣田善雄
*春日局　福田千鶴
宮本武蔵　渡邊大門
*池田光政　倉地克直
保科正之　八木清治
シャクシャイン　岩崎奈緒子
*田沼意次　藤田　覚
細川重賢　安高啓明
*二宮尊徳　小林惟司
*末次平蔵　岡　美穂子
*高田屋嘉兵衛　生田美智子
*林羅山　鈴木健一
吉野太夫　渡辺憲司
中江藤樹　辻本雅史
熊沢蕃山　川口　浩
*山崎闇斎　澤井啓一
山鹿素行　前田　勉
*北村季吟　島内景二
伊藤仁斎　澤井啓一
貝原益軒　辻本雅史
*ケンペル　B・M・ボダルト＝ベイリー
新井白石　大川　真
荻生徂徠　柴田　純
*雨森芳洲　上田正昭
石田梅岩　高野秀晴
白隠慧鶴　芳澤勝弘
前野良沢　松田　清
平賀源内　石上　敏
本居宣長　田尻祐一郎
杉田玄白　吉田　忠
木村蒹葭堂　有坂道子
*大田南畝　沓掛良彦
*菅江真澄　赤坂憲雄
*鶴屋南北　諏訪春雄
良寛　阿部龍一
*山東京伝　佐藤至子
*滝沢馬琴　高田　衛
平田篤胤　山下久夫
国友一貫斎　太田浩司
シーボルト　宮坂正英
本阿弥光悦　岡　佳子
小堀遠州　中村利則
狩野探幽・山雪　山下善也
尾形光琳・乾山　河野元昭
*二代目市川團十郎　田口章子
伊藤若冲　狩野博幸
浦上玉堂　高橋博巳
*佐竹曙山　成瀬不二雄
葛飾北斎　岸　文和
酒井抱一　玉蟲敏子
孝明天皇　青山忠正
*和宮　辻ミチ子
徳川慶喜　大庭邦彦
島津斉彬　原口　泉
横井小楠　沖田行司
*古賀謹一郎　小野寺龍太
*永井尚志　高村直助

ミネルヴァ日本評伝選

企画推薦
梅原　猛
ドナルド・キーン
佐伯彰一
角田文衞

監修委員
上横手雅敬
芳賀　徹

編集委員
石川九楊
伊藤之雄
猪木武徳
今谷　明
今橋映子
熊倉功夫
佐伯順子
坂本多加雄
武田佐知子
竹西寛子
西口順子
兵藤裕己
御厨　貴

上代

＊俾弥呼　古田武彦
＊日本武尊　西宮秀紀
＊仁徳天皇　若井敏明
雄略天皇　吉村武彦
継体天皇　若井敏明
＊蘇我氏四代　遠山美都男
推古天皇　義江明子
聖徳太子　仁藤敦史
斉明天皇　武田佐知子
＊小野妹子・毛人・毛野　大橋信弥
＊額田王　梶川信行
弘文天皇　遠山美都男
天武天皇　新川登亀男
持統天皇　丸山裕美子
阿倍比羅夫　熊田亮介
＊藤原四子　木本好信
＊柿本人麿　古橋信孝
＊元明天皇・元正天皇　渡部育子
聖武天皇　本郷真紹
光明皇后　寺崎保広
＊孝謙・称徳天皇　勝浦令子
藤原不比等　荒木敏夫
橘諸兄・奈良麻呂　遠山美都男
吉備真備　今津勝紀
＊藤原仲麻呂　木本好信
道鏡　吉川真司
＊藤原種継　木本好信
＊行基　吉田靖雄

平安

＊桓武天皇　井上満郎
嵯峨天皇　西別府元日
宇多天皇　古藤真平
醍醐天皇　石上英一
村上天皇　京樂真帆子
花山天皇　上島　享
＊三条天皇　倉本一宏
藤原薬子　中野渡俊治
＊藤原良房・基経　瀧浪貞子
＊紀貫之　神田龍身
源高明　所　功
＊安倍晴明　斎藤英喜
藤原実資　橋本義則
＊藤原道長　朧谷　寿
＊藤原伊周・隆家　倉本一宏
藤原定子　山本淳子
藤原彰子　朧谷　寿
清少納言　三田村雅子
紫式部　竹西寛子
和泉式部　ツベタナ・クリステワ
大江匡房　小峯和明
＊阿弖流為　樋口知志
坂上田村麻呂　熊谷公男
＊源満仲・頼光　元木泰雄
平将門　西山良平
藤原純友　寺内　浩
最澄　吉田一彦
円珍　岡野浩二
＊空也　石井義長
奝然　上川通夫
＊源信　小原　仁
慶滋保胤　吉原浩人
＊後白河天皇　美川　圭
式子内親王　奥野陽子
建礼門院　生形貴重
＊藤原秀衡　入間田宣夫
平時子・時忠　元木泰雄
平維盛　根井　浄
守覚法親王　阿部泰郎
藤原隆信・信実　山本陽子

鎌倉

源頼朝　川合　康
＊源義経　近藤好和
源実朝　神田龍身
＊九条兼実　加納重文
九条道家　上横手雅敬
北条時政　野口　実
熊谷直実　佐伯真一
＊北条政子　関　幸彦
北条義時　岡田清一
曾我十郎・五郎　杉橋隆夫
北条時頼　山本隆志
北条時宗　近藤成一
安達泰盛　山陰加春夫
平頼綱　細川重男
竹崎季長　堀本一繁
西行　光田和伸
鴨長明　浅見和彦
藤原定家　赤瀬信吾
＊京極為兼　今谷　明
＊兼好　島内裕子
重源　横内裕人
＊運慶　根立研介
快慶　井上一稔
法然　今堀太逸
栄西　中尾良信
明恵　西山　厚
＊親鸞　末木文美士
恵信尼・覚信尼　西口順子
覚如　今井雅晴
＊道元　船岡　誠
叡尊　細川涼一
＊忍性　松尾剛次
＊日蓮　佐藤弘夫
一遍　蒲池勢至
夢窓疎石　原田正俊
＊宗峰妙超　竹貫元勝

刊行のことば

歴史を動かすものは人間であり、興趣に富んだ人間の動きを通じて、世の移り変わりを考えるのは、歴史に接する醍醐味である。

しかし過去の歴史学を顧みるとき、人間不在という批判さえ見られたように、歴史における人間のすがたが、必ずしも十分に描かれてきたとはいえない。二十一世紀を迎えた今、歴史の中の人物像を蘇生させようとの要請はいよいよ強く、またそのための条件もしだいに熟してきている。

この「ミネルヴァ日本評伝選」は、正確な史実に基づいて書かれるのはいうまでもないが、単に経歴の羅列にとどまらず、歴史を動かしてきたすぐれた個性をいきいきとよみがえらせたいと考える。そのためには、対象とした人物とじっくりと対話し、ときにはきびしく対決していくことも必要になるだろう。

今日の歴史学が直面している困難の一つに、研究の過度の細分化、瑣末化が挙げられる。それは緻密さを求めるが故に陥った弊害といえるが、その結果として、歴史の大きな見通しが失われ、歴史学を通しての社会への働きかけの途が閉ざされ、人々の歴史への関心を弱める危険性がある。今こそ歴史が何のためにあるのかという、基本的な課題に応える必要があろう。評伝という興味ある方法を通じて、解決の手がかりを見出せないだろうかというのも、この企画の一つのねらいである。

狭義の歴史学の研究者だけでなく、多くの分野ですぐれた業績をあげている著者たちを迎えて、従来見られなかった規模の大きな人物史の叢書として、「ミネルヴァ日本評伝選」の刊行を開始したい。

平成十五年（二〇〇三）九月

ミネルヴァ書房

《著者紹介》

早房長治（はやぶさ・ながはる）

1938年　北海道生まれ。

1961年　東京大学教養学部卒業，朝日新聞社入社。

　　　　経済部員，経済部次長，論説委員を経て，編集委員。

1998年　朝日新聞社定年退職。

　　　　地球市民ジャーナリスト工房を設立し，代表に就任。

　　　　平和と安全を考えるエコノミストの会（EPS）（米国ノーベル経済学賞受賞者などで構成する国連のNGO）日本支部理事長代行。

1999～2004年　朝日ニュースターキャスター。

2007～17年　政策研究大学院大学経営委員。

2012年　一般社団法人「挑戦するシニア」を設立し，代表理事に就任。

著　書　『異議あり税制改革』朝日新聞社，1987年。

　　　　『国富みて民貧し』徳間書店，1988年。

　　　　『税制こそ国家の背骨』徳間書店，1989年。

　　　　『アジアはこれからどうなるか』ダイヤモンド社，1994年。

　　　　『だれが粉飾決算をつくるのか』廣済堂出版，2001年。

　　　　『恐竜の道を辿る労働組合』緑風出版，2004年。

　　　　『企業スキャンダルと監査法人』彩流社，2006年。

　　　　『現在窮乏，将来有望』プレジデント社，2009年。

　　　　『監査法人を叱る男』プレジデント社，2010年，ほか。

ミネルヴァ日本評伝選
村《むら》　山《やま》　龍《りょう》　平《へい》
――新聞紙は以て江湖の輿論を載するものなり――

2018年４月10日　初版第１刷発行　〈検印省略〉

定価はカバーに
表示しています

著　者　早　房　長　治
発行者　杉　田　啓　三
印刷者　江　戸　孝　典

発行所　株式会社　ミネルヴァ書房
607-8494　京都市山科区日ノ岡堤谷町１
電話代表（075）581-5191
振替口座　01020-0-8076

© 早房長治，2018〔180〕
共同印刷工業・新生製本

ISBN978-4-623-08329-9
Printed in Japan

人名索引

※「村山龍平」は頻出するため省略した。

あ　行

青木健作　65
アトウォーター，ウィリアム　96
安辺浩　101, 102
天野皎　58
有山輝雄　36, 40
安藤正純　99
幾原知重　97
池戸宗七　136
池辺吉太郎（三山）　58-64, 66-69, 72, 80
石井光次郎　87, 93, 152
磯部鉄吉　97
伊藤伝右衛門　70
伊東巳代治　40
稲原勝治　76, 77
井上毅　38
井上哲次郎　27
今泉雄作　122, 141
上野精一　72, 86, 152, 167
上野理一　18, 25, 39, 42-50, 59, 62, 63, 66, 69, 75, 76, 79, 80, 85, 86, 112, 121, 131, 133, 135-137, 139, 142-144, 147, 152
植村平兵衛　134
宇田川文海　20
宇野長与茂　30
梅乃　6
大江理三郎（素天）　87, 90
大隈重信　66, 173
大西齋　61
大西利夫　73, 77, 79
大林賢四郎　133
大三輪長兵衛　9
大山郁夫　76, 77, 84
岡上晴重　160, 161
岡倉覚三（天心）　122, 123, 139-143, 147
岡島真蔵　81
緒方竹虎　61, 92, 152, 166
岡野半牧　20
岡野養之助　72, 77, 86
小川一真　141, 142
小川未明　65
荻田常三郎　97
尾崎紅葉　27
尾崎行雄　88
織田純一郎　24, 26, 27, 43
小津清左衛門　134

か　行

片桐庄平　101, 102
加藤高明　56
兼松房治郎　51
嘉納治兵衛　131
嘉納次郎右衛門　131
鎌田敬四郎　86
川崎千虎　122, 141
河内一彦　101, 102
河東碧梧桐　84
神田正雄　55
木村徳太郎　141, 142
木村騰　13-15, 30
木村平八　8, 9, 13-15, 17-19, 39
清瀬一郎　88
陸羯南　42, 59, 60, 63, 67

九鬼隆一　122, 139–141
久野宗成　1
久野宗熙　5
久保田万太郎　65
熊倉功夫　130
栗村盛孝　110
黒川真頼　122, 141
幸田露伴　27
幸徳秋水　60
五代友厚　9, 19, 36, 37
後醍院正六　77
小寺源吾　133
後藤新平　74
後藤末雄　65
小西勝一　48, 49, 82, 83, 86, 92, 112, 113, 115, 152
小西作太郎　112
小西弥兵衛　30
近衛篤麿　42
小林一三　113
小林芳郎　80, 81
小宮豊隆　65
小室信介　24

さ　行

佐伯達夫　114, 118
坂元雷鳥　62
里見弴　65
沢田専太郎　125
志賀重昂　27
品川弥二郎　42
篠原春一郎　101, 102
芝川又右衛門　8
芝川又平　8, 9
柴四朗（東海散士）　51, 59
渋川玄耳　62
下河辺貫四郎　9
下村観山　125
下村宏（海南）　87, 151–153, 167, 179
正力松太郎　93
白瀬矗　66
末広鉄腸　27
杉浦重剛　35
杉村広太郎（楚人冠）　179
鈴木文治　61, 62
鈴木文四郎　98
スミス，アート　98
住友吉左衛門　131
孫文　85

た　行

高石真五郎　72, 73, 82
高橋健三　34, 35, 59, 60, 68, 123, 125, 139–143, 146, 147, 177, 178
高原操　53, 86, 92, 160, 167
高山義三　112
瀧精一　125, 144, 146, 147
武石浩玻　96
竹内栖鳳　125
タゴール　134
橘正以　4
辰井梅吉　48, 49, 75, 86, 91, 140, 144, 146, 152
谷崎潤一郎　65
谷干城　42
ダヌンチオ，ガブリエーレ　98, 103
玉手弘通　51
田村省三　111, 112, 114
田村鉄之助　142
田村俊子　65
段祺瑞　85
津田貞（聿水）　15, 17, 18
津田寅次郎　34, 35, 58
坪内逍遙　27
寺内正毅　71, 72
寺村富栄　51

東海散士　→柴四朗
徳田秋声　65
徳富蘇峰　67, 68, 176
飛田穂州　118
鳥居赫雄（素川）　48, 49, 56, 61, 62, 72, 73, 76-78, 80, 84

な　行

内藤湖南　123, 125
ナイルス，チャールス　98
永井荷風　65
長尾雨山　140, 142
中勘助　65
中沢良夫　114
中島胡泉　84
長田幹彦　65
長塚節　65
中野勝義　109
中野正剛　61, 72
中村鴈治郎　15
中村古峡　65
名倉聞一　61, 62
夏目漱石　62-64
難波二郎三郎　51
西村虎四郎　43
西村時彦（天囚）　35, 48, 49, 59, 77-79
ノースクリフ卿　87, 149, 150
野上弥生子　65
野村徳七　133

は　行

橋本雅邦　123, 124
長谷川辰之助（二葉亭四迷）　64
長谷川万次郎（如是閑）　42-44, 49, 76, 77, 84, 112, 114
花井卓蔵　83
花田大五郎　76, 77, 84
浜田青陵　125
林市蔵　80, 81
原敬　79, 80, 84
原田棟一郎　55, 56, 86
原六郎　123
ビゲロー，ウィリアム　122, 139, 141
久松定憲　67
広瀬宰平　9
弘世助三郎　133
フェノロサ，アーネスト　122, 139, 141
福沢諭吉　51
福馬謙造　88-91
藤田伝三郎　9, 51, 131, 136, 137
二葉亭四迷　→長谷川辰之助
古谷次郎　26
星亨　25, 27
細見貞　18, 19
穂積八束　27
本多精一（雪堂）　57, 77

ま　行

マース，ゼーシー　96
馬越恭平　123
正岡子規　63
正宗白鳥　65
益田孝　123, 132
松本重太郎　51, 131
松本幹一　13-15, 137, 140, 142, 143
松山哲堂　67, 68, 76
丸山幹治　76, 77, 84
右田寅彦　61
水尾比呂志　142, 143
三井長壽　142
三井八郎次郎　123
美土路昌一　89, 92, 109, 110
三宅雪嶺　27, 60
宮崎龍介　70
宮部敬治　84
武者小路実篤　65

武藤山治　133
村山興次（右衛門）　1
村山興元（長兵衛）　1
村山敬忠（勘左衛門，閑斎）　2, 5, 7
村山小鈴　6
村山鈴緒　2, 3, 6
村山（岡部）長挙　87, 91, 146, 152
村山藤子　86, 109
村山（小林）萬寿　24, 172
村山守雄（八百左衛門遠長）　2, 4-7, 14
村山（津田）安枝　24
本山彦一　42, 51-53, 72, 127, 178
森鷗外　27
森田草平　65
森村市左衛門　123

や　行

柳田国男　155
柳原白蓮（宮崎燁子）　70
籔内節庵　85, 130, 132, 133
山県有朋　38, 42
山口信雄　73, 79
山住有峰　3
弓削田秋江　62, 65
横山大観　125
与謝野晶子　65
吉岡重三郎　111, 112
吉野作造　88, 155-160
吉益俊次　159, 160

事項索引

※『朝日新聞』などは頻出するため省略した。

あ　行

アール・ホー社製高速輪転印刷機　87
「明るみへ」（与謝野晶子）　65
朝日会館　161, 172
『アサヒグラフ』　87
朝日式輪転機　58
「朝日新聞の成長」（村山龍平）　161-165
『アサヒスポーツ』　87
「或夜の話」（野上弥生子）　65
「生霊」（正宗白鳥）　65
伊勢神宮参拝旅行　182
『越陽絵入新聞』　18
大阪共立商店　9
『大阪公論』　26, 27, 29
大阪商法会議所　9
『大阪新報』　15, 17
『大阪でっち新聞』　17
『大阪日報』　17
『大阪毎日新聞』　33, 42, 51, 91, 114, 115
大新聞（政論新聞）　17, 20

か　行

海外特派員　20, 23, 24, 57, 72, 162
学生航空連盟　109, 110
「黴」（徳田秋声）　65
「神風号」　110
貨物輸送　100
「殻」（中村古峡）　65
「硝子戸の中」（夏目漱石）　64
関東大震災　88-92, 100
玉泉舎　8, 13, 14, 17, 19
「霧」（長田幹彦）　65
「金色の死」（谷崎潤一郎）　65
「銀の匙」（中勘助）　65
「虞美人草」（夏目漱石）　63
軍国主義　166, 169
経営と編集の分離　67
『経世評論』　59
『鶏鳴新報』　33
公害論　60
号外　55, 56
口語体　61
甲子園　111, 115-118
「行人」（夏目漱石）　64
香雪美術館　138
「坑夫」（夏目漱石）　64
『国民新聞』　67
「心」（夏目漱石）　64
小新聞　17, 20
「東風」　101, 110
『國華』　121, 122, 138-148
『国会』　27
米騒動　72

さ　行

『魁新聞』　18, 19
「山茶花」（田村俊子）　65
茶道　85, 130-138
「三四郎」（夏目漱石）　64
『時事新報』　30, 51
「自叙伝」（森田草平）　65
シベリア出兵　71, 72
紙面改革　19-25, 57, 58, 61

『週刊朝日』 87
「受賞後の美術館」(内藤湖南) 123, 124
人員整理 153
壬午事変 20
「新内閣の組織者」(池辺三山) 60
清仏事変 24
新聞商品論 52-54
「枢府と内閣」(吉野作造) 159
政党政治 60, 61
「青年日本号」 110
「石炭の火」(小川未明) 65
全国中等学校優勝野球大会 111-118
「造化精妙」(長谷川如是閑) 42-49
「其面影」(二葉亭四迷) 64
「それから」(夏目漱石) 64

た 行

大逆事件 60
『大正日日新聞』 84, 85
大日本帝国憲法 32
田丸城址 184
田丸屋 7, 8
探訪 61
「筑紫の女王燁子」 70
朝鮮事変 24
『朝野新聞』 30
「土」(長塚節) 65
「梅雨の後」(青木健作) 65
「天声人語」 58
電報通信 32, 163
『東京公論』 26-28, 30
『東京日日新聞』 30, 88, 92
刀剣 120, 121, 126, 127
『常盤新聞』 17

な 行

内閣機密費 39, 40
ナショナリズム 60, 166
日英同盟 60
日露戦争 57
日清戦争 57
『日本』 42, 59, 63, 67
「日本経済策一斑」(本多雪堂) 57
入社試験 61, 62

は 行

「煤烟」(森田草平) 65
「初風」 101, 110
白虹事件 51, 73-85, 169
「花」(武者小路実篤) 65
「母と子」(里見弴) 65
「万国公法は法律にあらず」(高橋健三) 35
磐梯山大爆発 26
「彼岸過迄」(夏目漱石) 64
美術展 125, 126
白蓮事件 70, 169
「平仮名国会論」(小室信介) 24
「福島中佐の単騎シベリア横断」(西村天囚) 35
不敬罪 159
「文芸欄」 65, 66
「平凡」(二葉亭四迷) 64
『訪欧大飛行誌』 102-109
「訪欧大飛行の意義と我が社の感謝」(村山龍平) 103-109
訪欧飛行 101-110
「傍仮名新聞の本色」(社説) 23
『報知新聞』 88
報道第一主義 24-26, 32
ポーツマス条約 61

ま 行

マリノニ高速輪転機 32-35, 58, 164
満州事変 166
「満州の独立」(社説) 166

「路」（久保田万太郎） 65
「道草」（夏目漱石） 64
民本主義 155
村山龍平記念館 184
「明暗」（夏目漱石） 64
「明治三〇年の外事及外交」（池辺三山） 59
『めさまし新聞』 25
「門」（夏目漱石） 64

や 行

野球殿堂入り 118
「野球とその害毒」 113
「柳」（後藤末雄） 65
郵便航空 87, 100
『郵便報知新聞』 30
「夢十夜」（夏目漱石） 64
『蒹葭具佐』（よしあしぐさ） 17
吉野作造舌禍事件 155-161
『読売新聞』 30, 63

ら 行

ラジオ放送 169, 170
「龍虎図」（橋本雅邦） 123, 124
旅客輸送 100
「礼吉の手紙」（小宮豊隆） 65
「冷笑」（永井荷風） 65

わ 行

「吾朝日新聞の目的」 20-23
ワシントン軍縮会議 87

資料　『朝日新聞』の発行部数推移（創刊～昭和20年）

明治期

年	大阪朝日	東京朝日	全社合計
12	2,586		2,586
13	9,678		9,678
14	11,378		11,378
15	17,151		17,151
16	21,461		21,461
17	24,619		24,619
18	31,930		31,930
19	31,100		31,100
20	35,900		35,900
21	36,500	6,000	42,500
22	43,000	9,496	52,496
23	51,200	30,000	81,200
24	61,500	60,155	121,655
25	63,400	71,943	135,343
26	70,000	67,393	137,393
27	93,200	76,765	169,965
28	102,100	66,956	169,056
29	90,400	47,642	138,042
30	100,900	43,904	144,804
31	103,900	42,312	146,212
32	120,400	47,894	168,294
33	126,100	60,724	186,824
34	118,600	65,260	183,860
35	115,100	71,461	186,561
36	119,800	75,388	195,188
37	152,400	82,151	234,551
38	142,900	98,241	241,141
39	121,800	96,475	218,275
40	136,800	82,073	218,873
41	159,000	101,214	260,214
42	159,900	97,572	257,472
43	166,100	111,292	277,392
44	182,900	120,422	303,322
45	190,800	125,630	316,430

大正期

年	大阪朝日	東京朝日	全社合計
2	198,700	134,394	333,094
3	241,800	148,495	390,295
4	240,700	158,209	398,909
5	259,900	169,719	429,619
6	315,600	190,172	505,772
7	342,400	221,434	563,834
8	341,300	223,354	564,654
9	376,000	250,088	626,088
10	444,600	291,957	736,557
11	562,700	274,900	837,600
12	585,300	289,464	874,764
13	690,000	410,221	1,100,221
14	754,400	422,527	1,176,927
15	782,700	431,811	1,214,511

昭和前期

年	大阪本社	東京本社	西部本社	名古屋本社	全社合計
2	866,300	573,838			1,440,138
3	922,900	553,318			1,476,218
4	966,400	587,495			1,553,895
5	979,500	702,244			1,681,744
6	914,400	521,228			1,435,628
7	1,054,000	770,369			1,824,369
8	1,041,100	844,808			1,885,908
9	1,138,500	885,007			2,023,507
10	897,600	913,342	302,900		2,113,842
11	861,300	1,011,190	346,000	84,608	2,303,098
12	940,600	1,042,188	365,200	96,818	2,444,806
13	938,800	990,530	440,900	111,291	2,481,521
14	974,000	1,114,759	472,100	121,484	2,682,343
15	1,111,000	1,203,889	579,500	171,367	3,065,756
16	1,228,000	1,354,810	715,700	200,717	3,499,227
17	1,334,700	1,377,842	777,700	232,606	3,722,848
18	1,553,600	1,350,088	759,100		3,662,788
19	1,567,300	1,369,280	732,800		3,669,380
20	1,285,800	1,401,163	551,800		3,238,763

（注１）明治時代から長期間，発行部数を公表したのは朝日新聞社だけである。

（注２）昭和10年２月九州支社朝夕刊発行，同年11月名古屋支社で朝夕刊発行。昭和17年８月名古屋で発行停止。

（出所）『朝日新聞社史　資料編』から作成。